내
마음의
순간들

내
마음의
순간들

나도
잘 모르는
진짜
나를 찾아서

유영롱

밥북
B·OO·K

삶은 끊임없이 우리에게 도전과 질문을 던집니다.

그 속에서 우리는 종종 갈림길에 서고, 길을 잃기도 하지만 그 과정은 결국 우리 내면의 힘과 가능성을 발견하는 여정이 됩니다.
이 책은 일상 속에서 겪는 사소한 순간부터 인생의 중요한 선택에 이르기까지, 자신을 성장시키고 진정한 의미를 찾아가는 과정에서 필요한 성찰을 나누고자 합니다.

삶은 쉽게 정의되지 않지만, 그 복잡함 속에서 얻는 작은 깨달음과 변화가 우리의 삶이 더 나아지는 데 큰 힘이 됩니다.
행복은 멀리 있지 않으며, 중요한 것은 스스로의 내면을 이해하고, 타인의 시선에서 벗어나 자신의 속도로 나아가는 용기입니다.

여기서 다루는 이야기들은 철학과 심리학, 그리고 다양한 사례를 바탕으로, 인생의 가치를 발견하고 그 여정을 함께 걸어가는 친구가 되어줄 것입니다.

　작은 변화와 성찰을 통해 삶의 의미를 찾아가는 여정에 초대합니다.

　이 책이 독자 여러분에게 일상 속 평온과 삶의 방향을 찾는 데 작은 도움이 되길 바랍니다.

2024년 11월

유영롱

차례

1부
사유의 순간들

1부

사유의 순간들

01
마음과 의미:
정신 건강과 철학적 탐구

/

우리가 살아가는 세상은 크게 세 가지 층, 즉 물건, 제도, 철학으로 나눌 수 있다. 우리는 이 세 가지 층에 따라 각자의 시선을 어디에 둘지 결정하고, 그 시선의 높이와 깊이에 따라 세상을 바라보게 된다.

이 층들은 우리의 인생과 관점을 형성하는 중요한 요소이기도 하다. 물건의 층에 머무를 수도 있고, 제도의 층으로 시선을 옮길 수도 있으며, 그 너머 철학의 층에 이르러 깊이 있는 이해를 추구할 수도 있다.

오늘날 대부분의 사람들은 물건에 주로 시선을 두고 살아간다. 물건은 우리에게 눈에 띄게 드러나기 쉽고, 실질적인 필요를 채워주기 때문에 더욱 그러하다. 매일 보는 물건들, 심지어 매일 소비하고 소유하는 물건들이 우리의 일상에서 중요한 역할을 한다.

우리는 소유한 물건의 양과 종류에 따라 삶의 수준을 평가하고, 물질적 풍요로움이 행복을 대변하는 경우가 많다. 그러나 물건은 물건일 뿐이다. 물건의 영역을 넘어서야 비로소 더 넓은 세상을 볼 수 있다.

물건의 너머에는 제도가 있고, 제도를 넘어서는 철학과 정신의 영역이 있다. 물건을 넘어서 제도와 철학의 층을 바라보는 사람은 더욱 넓고 깊은 관점에서 세상을 이해하게 된다. 그렇게 함으로써 더 자유롭고 의미 있는 삶을 살아갈 수 있다.

우리는 직업을 이야기할 때 흔히 "직업을 차별하지 말고 구별하라"고 한다. 이는 직업의 본질적인 가치를 인정하는 것에서 비롯된 말이다. 직업 자체는 차별할 수 없는 존엄성과 가치를 지닌다.

사람들은 서로 다른 직업을 통해 자신이 속해 있는 사회에 각기 다른 방식으로 기여하고 있다. 그래서 직업은 구별할 수는 있어도 차별할 수는 없다.

　세상을 살아가며 다양한 직업을 가진 사람들이 묵묵히 일상을 살아가고 있음을 볼 수 있다. 하지만 그중에서도 세상을 이끌어가는 사람들은 소수에 불과하다. 왜 그럴까? 사회를 구성하는 우리 모두가 그 자격을 가지고 있는데도 불구하고 말이다.

　그 답은 물건, 제도, 철학이라는 세 가지 층을 넘나들며 해답을 찾아가는 능력에 있다. 세상의 복잡한 현상들은 이 세 가지 층을 통해 설명할 수 있다. 그리고 이 층들을 자유롭게 넘나드는 사람들만이 세상의 본질을 이해하고, 더 나은 방향으로 나아가게 하는 힘을 가진다.

　나이키 광고를 예로 들어보겠다. 우리는 텔레비전이나 인터넷에서 나이키 광고를 자주 접하게 된다. 광고에서는 새벽 4시에 나이키 운동화를 신고 달리는 사람의 모습이 등장한다. 이 광고의 목적은 사실 단순히 운동화를 팔기 위한 것이 아니다. 더 깊이 들여다보면 나이키가 보여주고자 하는 것은 스포츠 정신과 도전, 그리고 이를 통해 전해지는 철학이다.

　그래서 우리는 나이키라는 브랜드를 단순한 상품이 아닌 스포츠 정신과 연결지어 생각하게 된다. 물건에만 시선을 고정한다면 그 너머의 의미가 보이지 않는다. 우리가 진정 나아가야 할 길은 자신이 속한 사회의 제도를 지키면서도 철학과 정신을 전달하는 것에 있는지도 모른다.

스티브 잡스는 기업이 망해가는 순서를 설명한 바 있다. 기업은 처음에는 철학과 정신을 바탕으로 물건을 만든다. 이 물건은 사람들의 불편함을 해소하고, 인간의 삶에 도움을 주지만 이내 시간이 지남에 따라 기업이 커지면서 시스템과 제도가 우위를 차지하게 된다.

제도와 시스템의 역할이 강조되고, 그에 따라 홍보, 마케팅, 경영이 중요한 역할을 맡게 된다. 이 과정에서 철학을 잊고 제도와 물질적 성공에만 집중하는 순간이 오게 되고, 그 기업은 서서히 쇠락의 길로 들어서게 된다.

이때 CEO의 역할이 중요하다. 철학과 정신을 투철하게 이해하고 지키는 사람이 CEO의 자리에 있어야 기업은 그 존재와 가치를 오랜 기간 유지할 수 있기 때문이다. 그렇지 않다면 결국 그 기업은 처음의 정신을 잃고 껍데기만 남게 될 것이다.

또다른 예를 들어보겠다. 이번에는 우리에게 익숙한 '배달의 민족'이라는 기업이다. 이 기업은 처음에는 독거노인을 행복하게 해주겠다는 철학에서 출발한 회사이다. 그 시작은 노인들에게 맛있는 음식을 제공할 방법을 고민하는 데서 비롯되었고, 점차 시스템과 제도를 통해 체계적으로 운영하게 되었다.

시간이 지나며 회사의 성장과 함께 경영적인 목표가 부각되고 있는 상황이다. 현재 이 회사의 경영 마인드가 처음과 같은 철학을 유지하고 있는지는 정확히 알 수 없지만, 초기의 정신과 철학을 잃지 않고 있기를 기대해 본다.

나 또한 어린이집을 운영하며 때로는 답답함을 느낀다. 때로는 내가 원하는 대로 일이 풀리지 않기도 하고, 다양한 일을 처리하다 보면 시스템에 문제가 있다는 생각이 들기도 한다. 정해진 제도와 시스템 안에서 운영이 되어야 하지만 상황에 따라 이를 벗어나 원활한 일의 진행이 우선이어야 하는데 물건과 제도에 시선을 두며 답답함을 느끼기도 한다.

하지만 '내가 하는 일이 어떤 정신과 철학을 타인과 사회에 전달할 수 있을까?'라는 질문을 던진다면 물질적 성취를 넘어서 나만의 행복을 발견할 수 있을 것으로 기대한다.

나의 일이 철학과 정신의 영역에서 의미를 갖게 될 때, 나는 운영의 답답함을 초월할 수 있을 것이다. 가령 운용과 연관된 누군가 나를 힘들게 하더라도 내가 하는 일이 세상에 가치를 전달한다고 믿는다면 그 일은 나에게 안정감과 행복을 줄 것이기 때문이다.

 현재 내가 머무르고 있는 곳은 세 층 중 어디일까? 솔직히 나는 아직도 자꾸 물건에 시선을 두고 있음을 인정한다. 그러나 물건에서 벗어나 제도의 층을 넘어 철학과 정신의 영역으로 시선을 옮기기 위해 노력하고 있는 것 또한 사실이다.

 언젠가 세상을 바라보는 시선이 철학과 정신에 닿게 된다면, 현재의 상황에서 벗어나 언젠가 나는 무엇이든 초월할 수 있을 것이다. 즉, 진정으로 자유로워질 수 잇을 것이다. 이러한 자유는 겉으로 드러나지는 않지만, 내면에서 오는 만족과 평화로 나를 이끌 것이 분명하다.

 그렇다면 보다 안정적으로 높은 층으로 가기 위해 우리에게 어떤 준비가 필요할까? 이 질문을 던지는 것으로 첫걸음을 시작할 수 있다.

 고전 문학을 통해 철학과 정신의 영역을 탐험해 보는 것도 한 방법이다. 예를 들어, 『노인과 바다』라는 책은 철학과 정신의 세계를 탐구하는 여정을 그리고 있다. 우리는 이 책을 통해 물건을 바라보는 시선을 넘어서 철학과 정신의 세계로 나아갈 수 있다.

한 국가도 마찬가지이다. 나라 전체가 물건의 수준에 머물러 있다면 그 나라는 후진국의 수준에서 벗어나기 힘들지도 모른다. 그 너머인 제도에 머무른다면 그 나라는 중진국이 될 수는 있지만, 진정한 선진국이 되긴 어려울 것이다. 선진국이 되기 위해서는 철학과 정신의 세계에 도달해야 한다.

개인적인 삶에서도 마찬가지이다. 물건만 바라보면 연봉 1억을 넘기 어렵다. 제도의 수준에 도달하면 억대의 수익을 얻을 수 있지만, 철학과 정신에 도달하면 그 가치와 잠재력은 무한대로 확장될 수 있다.

조던 피터슨은 그의 저서 『질서 너머』에서 예술품을 소유하라고 권한다. 그가 말하는 예술품은 단순한 물건이 아니라, 당신에게 말을 거는 작품이다. 진정한 예술품은 각자의 삶에 파고들어 변화를 일으킬 수 있는 힘을 가지고 있기 때문이다.

예술 작품은 우리에게 초월적 세계를 들여다보는 창이 되어, 제한된 삶에 새로운 의미를 부여하기도 한다. 우리는 유한하고 제한된 삶을 살고 있기 때문에 철학과 정신의 세계에 연결되지 않으면 존재를 위협하는 수많은 도전에 맞서기 어렵다. 결국 철학과 정신의 세계가 우리를 진정한 자유로 이끈다는 점을 상기할 필요가 있다.

삶의 여정에서 우리는 종종 물에 빠진 것 같은 절망을 느낀다. 그럴 때 바닥을 딛고 반동을 이용해 물 위로 떠오르듯, 어려운 상황에 직면했을 때 중간에서 머물러 상황이 해결되기만을 기다리기보다 바닥까지 내려가서 반등해 올라오길 바란다. 그렇게 경험을 쌓고 나면 맞닥뜨린 인생의 어려움이 어쩌면 새로운 기회를 가져다줄 수 있음을 알게 된다.

모든 과정은 단번에 이루어지지 않는다. 물건의 층에서 먼저 경험을 쌓아야 제도와 철학의 층으로 나아갈 준비가 된다. 이는 실패와 시행착오를 통해 이루어진다.

스티브 잡스가 애플을 창립한 이유는 단순히 기술을 제공하기 위해서가 아니었다. 그는 열정을 가진 사람에게 새로운 가능성을 열어주고자 했다. 열정을 가진 사람이 애플의 기기를 통해 그 능력을 더욱 발휘할 수 있다고 믿었기 때문이다. 이는 물건의 성공을 넘어서 철학과 정신에 기반을 둔 경영 전략이기로 했다.

마지막으로, 강조하자면 우리는 세상을 철학과 정신의 눈으로 바라보도록 노력해야 한다. 그렇게 시작한다면 우리는 시간과 자원을 더 적절히 활용할 수 있을 것이다. 또한 자신의 삶을 철학적 관점에서 바라본다면 타인과 함께 성장할 수 있다는 점을 깨닫게 될 것이다. 이것은 우리 모두 각자의 인생을 더 의미 있게 살아가고, 더욱 완전한 존재로 나아가는 길이기도 하다.

이렇게 철학적 관점에서 세상을 바라보는 일은 자신을 더 깊이 이해하고 사회와의 관계 속에서 자신의 위치를 찾는 여정이기도 하다. 물건에 대한 집착을 넘어서 제도의 유연성을 이해하고, 철학적 사고로 더 넓은 시야를 갖추게 될 때, 우리는 진정한 자유와 성장을 경험할 수 있다.

철학과 정신의 세계에 도달하려는 노력은 또한 타인과의 관계에서도 긍정적인 변화를 가져온다. 서로 다른 삶을 살아가는 사람들과 그들의 배경을 이해하고 공감하게 되면, 우리는 더 큰 사회적 통찰력을 갖출 수 있으며, 궁극적으로는 더 많은 사람들에게 의미 있는 영향을 미칠 수 있다.

삶에서 철학적 관점을 유지하는 사람은 끊임없이 성찰하며 자신의 존재에 대해 질문을 던진다. 그렇기에 그는 물질적인 성공뿐만 아니라 자신의 내면을 깊이 탐구함으로써 더 나은 자신을 향한 노력을 멈추지 않는다. 이러한 사람은 삶에서 겪는 여러 갈등과 어려움에도 흔들리지 않으며, 자신의 가치를 지켜내는 힘을 가지게 된다.

결국 우리는 누구나 세상을 바라보는 시선을 스스로 선택할 수 있다. 단순히 물건에 머무를 것인지, 제도의 질서를 따를 것인지, 아니면 철학과 정신의 층에서 진정한 자유를 추구할 것인지 결정하는 것은 각자의 몫이다.

마음의 중심을 철학과 정신에 두고 세상을 넓고 깊이 바라볼 때, 우리 삶의 여정은 더욱 의미 있는 방향으로 나아가게 된다.

02

우연과 선택:
주사위처럼 굴러가는 인생

/

니체의 철학: 삶은 주사위 놀이

프리드리히 니체는 "우리의 인생은 주사위 놀이다"라는 비유를 통해 삶에 대한 깊은 철학적 통찰을 보여준다. 이 말은 운명과 자유 의지 사이의 복잡하고 미묘한 관계를 상징하며, 동시에 인간이 가진 한계와 가능성을 드러낸다.

주사위는 언제나 자유롭게 던질 수 있지만, 그 결과는 인간의 통제 범위를 넘어선다. 즉, 주사위를 던지기 전까지는 자유가 있지만, 일단 던져진 후의 결과는 필연적이며 인간의 의지와는 무관하게 굴러가는 것이다. 이 비유는 인간이 자유 의지에 따라 결정할 수 있는 순간과 그 결정이 가져오는 불가피한 결과 사이의 관계를 함축하고 있다.

인간은 주사위를 던지며 희망과 기대를 품지만, 주사위가 굴러서 나오는 숫자는 결국 우리의 의지로 조정할 수 없는 우연의 산물인 것이다.

노력과 결과의 불일치

우리 대부분은 세상에 대해 막연히 '노력하면 좋은 결과가 올 것'이라는 기대를 갖고 살아간다. 어릴 때부터 '열심히 하면 반드시 보상이 따른다'는 말을 듣고 자라며, 결과가 노력에 비례할 것이라는 신념을 갖게 된다. 이런 믿음은 대개 우리가 삶을 살아가는 동력이 되기도 하지만, 현실에서 마주하는 불확실성과 우연성은 종종 이 믿음을 무너뜨리곤 한다.

니체는 이 점을 간파하고 있다. 그는 우리의 의지와 상관없이, 그리고 우리의 노력과는 별개로, 예상치 못한 결과가 나타날 수 있다는 것을 인정해야 한다고 강조한다. 주사위를 아무리 던져도 원하는 결과가 나오지 않는 경우가 있듯, 아무리 노력해도 상황이 개선되지 않을 때가 있는 법이다.

그럴 때도 니체는 우리가 주사위를 던지기를 멈추지 않아야 한다고 조언한다. 결과와 상관없이 끊임없이 시도하는 그 과정이야말로 인간 존재의 본질이기 때문에 그러하다.

주사위 놀이라는 비유: 삶의 본질에 대한 고찰

니체는 주사위 놀이를 통해 인간의 삶을 설명한다. 이 비유는 단순히 인간이 결과를 예측할 수 없음을 말하는 것에 그치지 않고, 결과가 인간의 기대와 다르더라도 그것을 받아들이고 지속적으로 도전해야 한다는 의미를 담고 있다.

우리에게 주어진 것이 우연의 결과라고 하더라도, 그 과정에서 우리는 우리의 삶을 얼마든지 의미 있게 만들어갈 수 있다. 니체는 삶을 주사위 놀이에 비유함으로써 인간이 삶을 주도적으로 만들어나가는 행위, 그리고 그 과정에서 얻는 성취감과 성장의 가치를 강조한다.

니체의 철학은 삶을 마주하는 우리의 태도에 대하여 자문하게 만든다. 우리는 주사위가 던져진 후 나오는 결과에 좌우될 수 있지만, 그 결과와 상관없이 주사위를 던지기를 멈추지 않는 것이 중요한데 과연 그러한가?

주사위가 어떤 숫자를 보여주든지 상관없이, 그 과정을 통해 우리는 스스로 성장할 수 있으며, 이를 통해 더 높은 차원에서 삶을 바라볼 수 있는 힘을 얻는다면 행동으로 옮길 수 있어야 하지 않겠는가?

니체가 말하는 주사위 놀이는 단지 운과 우연을 말하는 것이 아니라, 그 우연 속에서 의미를 발견하고 성장해나가는 인간의 모습을 강조하는 것에 있다.

쇼펜하우어와의 대조: 중용과 과잉의 철학

니체의 철학을 설명하기 위해 그의 사상과 대비되는 쇼펜하우어의 철학을 함께 살펴보아야 한다. 아서 쇼펜하우어는 인간이 고통을 겪는 주요 이유로 결핍과 과잉을 지적했다. 그의 철학은 "결핍과 과잉이 고통을 낳는다"는 전제에서 출발하므로, 쇼펜하우어는 인간이 삶에서 중용을 지키고 균형 잡힌 태도를 견지할 것을 주장했다.

그는 지나친 욕망이나 탐욕이 인간을 고통스럽게 만들기 때문에, 극단적인 추구보다는 적절한 선에서 타협하는 삶이 중요하다고 보았다. 그의 철학은 고통을 피하고 조화를 이루는 삶을 권장하며, 이성적으로 자신의 욕망을 통제하고 적정한 균형을 찾는 것을 미덕으로 삼는다.

반면 니체는 전혀 다른 주장을 내세운다. 그는 인간이 주어진 한계를 뛰어넘기 위해서는 중용을 넘어서야 한다고 보았다. 니체는 열정과 과잉, 심지어 광기를 긍정하며 이를 삶의 본질적인 요소로 보았다. 그는 고통과 갈등을 겪으면서 스스로를 초월하고, 더 높은 차원의 존재로 나아가는 길을 선택했다.

니체가 강조한 디오니소스적 삶은 술과 광기의 신 디오니소스를 상징하는데, 이는 인간이 자신의 한계를 초월하고 끊임없이 변화를 추구하는 모습을 표현하기도 한다.

니체는 우리의 삶이 일종의 축제이며, 우리는 그 속에서 열정을 불태우며 살아가야 한다고 말했다. 그는 광기를 통해 한계를 넘어서야 한다고 주장하며, 이를 통해 인간은 자신을 초월하고 더 높은 차원으로 나아갈 수 있다고 믿었다.

광기의 중요성: 번개의 비유

니체는 광기를 중요하게 여겼고, 그 의미를 깊이 탐구했다. 그는 광기를 '번개'에 비유하며 이를 인간에게 필요한 변화의 순간으로 설명했다. 번개는 짧지만 강렬하게 하늘을 가르며, 어두운 먹구름 속에서 순간적인 빛을 발산한다. 인간의 마음도 어두운 먹구름에 가득 차 있을 때, 그 안을 비추는 강렬한 번개가 필요하다.

니체에게 광기는 그와 같은 충격과 변화를 일으키는 힘이다. 삶에 지치고, 절망 속에 빠져 있을 때 우리는 오히려 미친 듯이 살아갈 필요가 있다. 미친 듯이 노력하고, 미친 듯이 몰입하는 과정을 통해 우리는 내면의 먹구름을 걷어내고 다시 길을 찾게 되는지도 모른다. 이는 우리가 어둠 속에서 새로운 방향을 찾고, 좌절을 이겨내며 삶의 의미를 되찾는 과정이라고도 할 수 있다.

니체는 이 광기와 열정이 우리에게 불필요한 것이 아닌, 반드시 필요한 힘이라고 보았다. 이를 통해 우리는 다시 앞으로 나아갈 수 있으며, 그 과정에서 우리는 내면의 별을 발견할 수 있게 된다.

니체의 철학에서 광기는 단순히 일탈적이거나 무모한 것이 아니라, 절망 속에서도 빛을 발하는 인생의 에너지이자 삶의 의미를 깨닫게 해주는 도구이기도 하다.

성장과 고통: 나무와 뿌리의 비유

니체는 인간의 성장에 있어 고통과 경험이 필수적이라고 주장했다. 그는 나무가 높이 자라기 위해서는 깊은 뿌리가 필요하듯, 인간도 고통 속에서 깊이 뿌리내리며 강해질 수 있다고 보았다. 땅속 깊이 뿌리를 내리는 나무처럼, 인간도 단단한 바닥에 뿌리를 내리며 자신의 어려움을 극복하고 성장해가야 한다.

많은 사람들이 고통은 피하고 편안함만을 추구한다. 그러나 니체는 편안함은 성장을 방해하는 요소라고 주장하면서 오히려 고통 속에서 자신을 단련하고, 스스로의 한계를 넘어서는 노력이 필요하다고 보았다.

이 비유는 인간의 성장 과정에서 고통과 어려움이 가지는 필수적인 가치를 강조하고 있다. 나무가 단단한 땅속에서 성장하는 것처럼, 인간도 고통을 통해 자신을 더 강하게 만들 수 있다.

니체는 인간이 편안함만을 추구한다면 그저 나약한 존재로 남게 될 뿐이라고 보았다. 고통을 통해 성장할 수 있는 기회를 포기하지 않는 것이야말로 진정한 성장이며, 그 속에서 비로소 우리는 자신의 삶을 더 깊이 이해하게 되기 때문이다.

미친 듯이 사는 삶: 광기와 열정의 중요성

니체는 "미친 듯이 살아라"라는 말로 우리에게 열정을 불태우며 살아야 한다고 강조했다. 그는 자신의 열정을 불태우며 살아가야만 진정한 의미에서의 삶을 살 수 있다고 보았다. 우리 삶에 있어 광기와 열정은 단지 순간의 감정이 아니라, 삶의 방향성을 결정짓는 중요한 요소이다.

광기를 통해 우리는 현실의 제약을 넘어설 수 있으며, 더 나아가 새로운 차원의 자유와 깨달음을 얻을 수 있다. 광기는 우리가 삶에서 직면하는 절망과 좌절을 넘어, 더욱 열정적으로 살아가게 하는 원동력이 된다.

주사위를 멈추지 않는 삶

니체의 철학은 우리가 삶의 어려움을 만났을 때 피하기보다는 그와 맞서 싸우기를 권장한다. 주사위 놀이라는 비유는 우리의 삶이 끊임없는 도전과 우연의 연속임을 일깨워준다. 주사위가 던져지고 그 결과가 우리의 기대와 다를 수 있다는 사실을 받아들이며, 그럼에도 불구하고 계속해서 주사위를 던지는 것이 인생의 본질임을 깨달아야 한다.

열정과 광기는 우리에게 새로운 힘과 의미를 부여하며, 절망 속에서도 길을 찾게 만든다. 니체의 철학은 삶의 모든 순간을 진정으로 경험하며 살아가는 것, 그리고 그 속에서 자신을 초월하는 힘을 발견하게 하는 데 있다.

니체의 철학에서 삶은 단순히 결과에만 의존하는 수동적인 기다림이 아니라, 우리 스스로 끊임없이 의미를 만들어가는 능동적인 여정임을 알 수 있다. 그는 주사위의 결과에 지나치게 연연하지 말고, 그 순간순간의 경험과 열정적인 시도를 통해 자기 자신을 발견하고 완성해나가야 한다고 주장한다.

마지막으로 니체는 우리에게 주사위를 던질 자유와 용기를 가지고, 예상치 못한 결과 앞에서 좌절하기보다는 오히려 그 우연 속에서 자신의 길을 찾아 나가라고 말한다. 그에게 삶은 하나의 무한한 주사위 놀이이며, 그 결과에 휘둘리기보다 그 과정에서 오는 기쁨, 좌절, 깨달음 속에서 삶의 진정한 의미를 발견해야 한다는 것이다.

삶은 단순히 예측 가능하거나 안정적인 것이 아니라, 끝없이 던져지는 주사위와 같다. 결과와 상관없이 삶은 우리의 선택과 도전을 통해 끊임없이 성장하고 변화하는 여정이자, 자신을 초월해가는 과정이라는 것을 니체는 강조하고 있는 것이다.

결국, 니체의 철학은 삶의 본질이란 우리 스스로가 주사위를 던지며 만들어가는 여정이며, 그 속에서 겪는 고통과 기쁨을 통해 더 강하고 자유로운 존재로 거듭나는 것임을 일깨워준다.

　니체가 우리에게 전하고자 하는 메시지는 바로 이 '미친 듯이 사는 삶'의 가치와, 그 과정에서 발견하는 내면의 빛, 즉 우리가 고통과 우연을 넘어서 자기 자신을 완성해나가는 길이다.

　따라서 우리는 주사위를 멈추지 않고 계속 던지며, 그 과정에서 새로운 의미와 깨달음을 얻으며 나아가야 한다. 삶은 주사위 놀이와 같으며, 그 끝없는 시도를 통해 우리는 비로소 진정한 자기 자신이 되는 길을 찾게 되는 것이다.

03
깊은 곳에서:
동굴 속 진리

/

삶의 본질은 무엇일까? 고통과 행복이 얽히고설킨 이 세상에서 우리는 어떤 길을 선택해야 보다 행복할 수 있고, 후회를 덜 하게 될까?

쇼펜하우어와 니체, 두 철학자는 각기 다른 관점에서 인간 존재의 본질을 탐구하고 고통과 행복에 대해 심오한 성찰을 제시했다. 그들의 철학은 현대 사회에서도 우리에게 깊은 울림을 준다.

먼저, 쇼펜하우어는 끊임없이 고통에 대해서 다루었는데 그

:

는 철학의 중요한 역할이 인간의 고통을 이해하고 다루는 데 있다고 믿었다. 그에게 고통은 삶의 불가피한 부분이자, 인간 존재의 본질적인 측면이기도 했다.

쇼펜하우어는 인간은 끊임없이 무언가를 원하고, 그 욕망이 충족되지 않을 때 고통을 느낀다고 보았는데 여기서 '의지'가 인간을 끊임없이 무언가를 갈망하게 만들고, 그 결과로 고통을 가져오는 원인이 된다고 보았다.

쇼펜하우어는 특히 40세를 중요한 시점으로 보았다. 그는 인생의 절반이 지나고 난 뒤, 남은 시간 동안은 이전까지의 경험을 바탕으로 내면을 성숙시키고 삶을 깊이 있게 바라보는 시간이 되어야 한다고 했다.

마흔 이전의 삶에서 인간은 자신을 찾아가는 시행착오의 연속을 겪고, 이 시기에 내면의 공허함을 채워야만, 혹은 채울 수 있어야만 마흔 이후의 삶에서 진정한 삶을 살 수 있다고 주장했다. 그는 인생의 고통을 피할 수 없는 것으로 보았지만, 고통을 견디며 자신의 내면을 다듬어가는 것이 그래서 중요하다고 강조했다.

또한 쇼펜하우어는 인간이 지나치게 많은 것을 추구할 때 오히려 더 큰 고통을 느낀다고 보았다. 가령 너무 많은 인간관계나 지나친 성공을 추구하는 것은 결국 피로와 공허를 초래한다는 것이다.

반대로, 인간관계가 전혀 없거나 너무 적을 때도 고통을 느끼는 것도 사실이다. 결국 중용이 필요하고, 그것이 얼마나 중요한지를 쇼펜하우어는 언급하며, 행복은 지나치지도 모자라지도 않은, 적당함 속에서 찾아야 한다고 하였다. 그가 말하는 적당한 즐거움이라는 것은 오늘날 소설가 무라카미 하루키가 말한 '소확행(작은 행복)'의 개념으로 이해할 수 있다.

이처럼 우리의 행복은 작은 것에 있다. 예를 들어, 아메리카노 한 잔을 마시는 즐거움은 때로 굉장히 크다. 우리는 아무리 목이 말라도 아메리카노를 한 번에 열 잔씩 마실 수는 없다. 즉, 과잉이 행복과 연결되지는 않는다. 또 다른 예로, 많은 사람들이 고통받는 것 중 인간관계가 있다. 주변에 사람이 많아도, 적어도 어느 순간 고통받는 것에는 변함이 없다.

또 다른 중요한 점은 우리는 감사해야 할 많은 일들, 일상에 감사함을 느끼지 않는다는 데 있다. 우리가 갈증이 날 때나 커피를 원할 때 아메리카노 한 잔을 마셨을 때 특별히 감사하지 않는 것처럼 건강이나 좋은 인간관계도 그러하다.

그러다 마실 수 없거나, 건강이 상하거나, 인간관계가 틀어졌을 때 우리는 비로소 그동안 당연하게 누렸던 많은 일들의 감사함과 의미를 알게 된다.

이렇듯 인간은 왜 고통을 더 잘 느끼고 행복을 덜 느끼게 될까? 고통을 크게 느끼기 때문에 인간의 인생은 고통스럽게 되는 것이라고 그는 설명한다.

이를 극복하기 위한 하나의 방법으로 쇼펜하우어는 자신이 하고 싶은 것과 할 수 있는 것을 찾으라고 한다. 여기서 중요한 것은 각자의 '개성'이라는 것이다.

이 세상에서 쇼펜하우어는 누구나 자신만이 할 수 있는 것이 있다고 하였다. 그리고 자신만이 원하는 게 있다고 하였다. 문제는 그게 무엇인지를 찾아야 하는데 많은 경우 사람들은 다른 사람이 만든 기준에 따라 움직이고는 한다. 가령 행복하기 위해 명예와 부, 출세, 성공을 탐닉하면서 남을 뒤따르게 된다.

하지만 쇼펜하우어는 모두에게 각자의 개성과 바람이 있다고 말한다. 단지 그것을 발견하는 데 오랜 시간이 걸린다고 하였다. 누구나 노력 없이 처음에는 자신의 욕망이나 나아갈 방향에 대해 정확히 알 수 없다. 내가 무엇을 원하는지, 그리고 실제로 할 수 있는지는 사람마다 다르겠지만 적지 않은 시행착오를 거치면서 그 과정에서 알게 된다고 하였다.

『린치핀』의 저자 세스 고딘도 쇼펜하우어의 그러한 철학을 차용한 것 같은 이야기를 한다. 사람은 누구나 다 천재라는 것이 그것이다. 그에 따르면, 천재가 아닌 사람은 없다. 다만 그 천재라는 모양이 각자 다른 분야에서 다른 방식으로 나타날 뿐이다.

『린치핀』에서 저자는 사람들은 자신의 천재성을 전혀 인지하지 못한 채 남들이 가는 대로 우르르 따라가서 남들 하는 것 좇아서 하다 보면 린치핀이 아닌 모두 같은 기계 부품 중 하나로 그냥 만족하며 살아가게 된다고 하였다.

쇼펜하우어는 이 세상에서 나만이 할 수 있는 일, 그리고 나만이 원하는 일을 찾아야 한다고 하였고, 그것이 바로 개성이라고 보았다. 개성에는 우리가 서열 매기기 좋아하는 1등, 2등이라는 개념이 없다. 우리는 결국 우열도 없고 나만이 할 수 있고 더불어 내가 좋아하는 것을 찾아야 한다.

때로 그것은 성공을 가져다줄 수 없고 남에게는 아무 의미가 없을 수 있지만 나에게는 의미가 있는 어떤 것일 수 있다.

그에 따르면, 찾기만 한다면 노력이 필요하겠지만 누구나 장인이 될 수 있고 천재가 될 수 있다.

니체도 쇼펜하우어의 철학에 깊이 영향을 받았지만, 그와는 다른 방향으로 고통을 극복하려 했다. 그는 인생이 고통으로 가득 차 있다는 점에서는 쇼펜하우어의 견해에 동의했지만, 고통을 피하는 것이 아닌 적극적으로 수용하고 이를 극복해야 한다고 믿었다. 특히 '초인(Übermensch)'이라는 개념을 통해, 인간은 자신의 한계를 넘어서는 존재가 될 수 있다고 주장했다.

니체는 인간이 세 가지 정신적 단계를 거쳐 초인이 될 수 있다고 보았다.

첫째는 낙타 단계로, 이 단계에서 인간은 타인의 기대와 규범에 맹목적으로 순응하는 수준이다. 마치 낙타가 짐을 지고 사막을 걷듯, 인간은 이 단계에서 스스로의 의지보다는 외부의 요구에 복종하여 지워지는 짐을 맡는다.

둘째는 사자 단계로, 이 단계에서는 기존의 규범과 가치에 도전하고 자신만의 길을 개척하려는 의지를 발휘한다.

마지막으로 어린아이 단계에서는 모든 규범과 가치를 뛰어

넘어 자유롭고 순수하게 세상을 새롭게 바라보는 태도를 지닌다. 어린아이는 놀이를 통해 세상을 탐구하고, 아무런 목적 없이 그 순간을 즐기는 존재이다.

니체의 이러한 인간의 정신적 변화를 조금 더 자세히 들여다보면 이렇다.

첫 번째인 낙타 단계는 남이 짐을 실어주기 때문에 맹목적으로 'YES'를 하는 단계이다. 즉, 누가 짐을 실어주면 복종하는 단계를 말한다. 묵묵히 사막을 걸어가는데 자기 스스로 길을 정하지 않고 남이 실어주는 짐을 등에 얹고 그냥 남을 따라간다. 이렇게 사람들이 남이 시키는 대로 하는 그러한 삶을 노예적인 삶이라고 하기도 한다.

두 번째는 사자 단계이다. 여기서 사자는 'Yes'가 아니라 'No'를 말할 수 있는 존재이다. 사자는 마치 망치로 깨는 것처럼 존재하는 규범을 깬다.

마지막 세 번째는 어린아이 단계이다. 어린아이의 단계는 '망각'으로도 표현된다. 모든 규범을 잊고 새로운 출발이 가능해진다. 죄책감도 없고 '놀이한다'는 개념이 있는데 이때 놀이 개념이 중요하다. 어린아이는 어떤 성공을 바라거나 출세를 바라거나 목적을 가지고 사는 게 아니라 그저 자신의 욕망에 맞게 현실에 충실히 뛰어논다고 한다. 즉, 인생을 어떠한 목적을 갖고 사는 게 아니라 즐기며 놀이하는 어떤 개념으로 보고 있다.

이러한 세 단계 정신의 변화를 거쳐서 어린아이의 단계에 이르면 비로소 초인이 된다.

니체의 철학에서 중요한 또 하나의 개념은 '영원 회귀(Eternal Recurrence)'이다. 그는 우리가 지금 살고 있는 이 삶이 반복될 것이라고 가정하며, 그 삶이 의미 있고 가치 있게 되도록 만들어 가야 한다고 주장했다. 즉, 니체는 고통이 반복되더라도 이를 받아들일 수 있는 초인적 삶을 살아야 한다고 보았다. 이 과정에서 니체는 고통을 단순한 불행이 아닌, 삶의 의미를 찾는 중요한 요소로 간주했기 때문이다.

니체의 유명한 말 중 '아모르 파티(Amor Fati)'가 널리 알려져 있다. 이는 고통뿐만 아니라 모든 경험을 있는 그대로 받아들이고 사랑하라는 의미이다. 그의 사상에서 고통은 인간이 초인으로 성장하는 데 필요한 필수적인 과정이며, 이를 통해 인간은 자신을 뛰어넘는 존재로 나아갈 수 있다고 보았다.

플라톤의 이데아 동굴 이론은 유명하다. 동굴 밖의 불빛으로 인한 그림자를 보면서 그림자가 세상의 전부라고 생각하고 스스로 묶여 있기 때문에 뒤돌아볼 수조차 없다. 그러다 결국 동굴 밖으로 나왔을 때 혹은 뒤돌았을 때 그 그림자를 만들어 낸 원형이 얼마나 볼품없는지를, 그리고 상상하지 못한 새로운 세상이 그 밖에 존재하는지를 깨닫게 된다. 그러나 오늘날 안타깝게도 동굴 안에 머무른 상태로 살아가는 사람이 많다고 생각한다.

니체도 동굴에 대해 이야기한다. 그러나 니체는 플라톤의 동굴과는 다른 방식으로 바라본다. 니체의 저서 『차라투스트라는 이렇게 말했다』에서 차라투스트라는 동굴에서 산다. 그는 깨달음을 얻고 동굴 밖으로 나와 밑으로 내려온다. 그래서 동굴은 깨달음의 공간이 된다.

내가 원하는 삶을 살기 위해서는 한 번의 고립이 필요할지도 모른다. 스스로 고립되는 시간을 거치면서 자기 자신에 대해 생각하고 내가 원하는 삶이 무엇인지 내가 어떤 사람인지와 같은 근본적인 것들에 대한 정립을 해 나가야 한다. 니체가 말한 동굴은 플라톤이 말한 깨달음에서 더 나아가 우리의 영혼이 성장할 수 있는 그런 공간이다.

쇼펜하우어와 니체 모두 인간의 삶에서 고통이 필연적이라는 점을 인정했지만, 두 철학자는 고통을 바라보는 방식에서 큰 차이를 보였다. 쇼펜하우어는 고통을 피할 수 없으므로 이를 수동적으로 받아들이고 내면의 평화를 추구해야 한다고 본 반면, 니체는 고통을 적극적으로 받아들이고, 이를 통해 자기 초월을 이루어야 한다고 보았다.

　즉, 이들이 공유하는 또 다른 공통점으로 고통을 통해 인간이 성장하고 성숙할 수 있다는 것을 들 수 있다. 고통은 행복의 반대가 아니라, 행복을 더 깊이 이해하고 느끼게 해주는 매개체로 작용할 수 있다.

　쇼펜하우어의 염세주의와 니체의 초인 사상은 이러한 고통과 행복의 상호작용을 각기 다른 방식으로 설명하고 있지만, 궁극적으로는 인간이 자신의 내면을 성찰하고 진정한 자기실현에 도달하는 데 중요한 역할을 한다는 점을 강조하고 있다.

　현대 사회에서도 쇼펜하우어와 니체의 철학은 중요한 시사점을 제공한다. 이를 어떻게 적용하느냐는 여전히 중요한 문제이다. 우리는 종종 지나친 성공, 명예, 그리고 부를 추구하며 삶의 진정한 의미를 잃어버리고 그저 나아가고는 한다.

그러나 쇼펜하우어가 강조한 것처럼, 너무 많은 것을 추구하는 것보다는 작은 것에서 행복을 찾을 줄 아는 것이 오히려 더 큰 만족을 줄 수 있음을 고려해 보아야 한다. 필요할 때, 아메리카노 한 잔을 마시며 느끼는 소소한 행복처럼, 우리 삶에서 작은 것들이 얼마나 중요한지 깨닫는 자세가 필요하다.

니체의 초인 사상은 우리에게 도전을 준다. 삶에서 맞닥뜨리는 고통을 단순히 피할 것이 아니라, 그것을 통해 성장하고 더 나은 존재로 나아가야 한다. 삶의 어려움을 직면하며 그 안에서 의미를 찾는 것은, 결국 우리 자신을 초월하고 더 큰 존재로 나아가는 길이 될 것이기 때문이다.

결국 쇼펜하우어와 니체의 철학은 삶의 고통과 행복, 그리고 자기실현에 대한 깊은 통찰을 제공한다. 고통은 단순히 피해야 할 것이 아니라, 인간의 성장과 행복을 위한 중요한 요소로 작용할 수 있다. 두 철학자가 제시한 삶의 지혜는 현대를 살아가는 우리에게 여전히 유효하며, 자기 자신을 돌아보고 삶의 의미를 다시금 성찰하는 데 중요한 길잡이가 될 수 있다.

이제 우리에게 남은 질문은, 쇼펜하우어와 니체의 철학을 어떻게 우리 삶에 적용할 것인가이다. 현대 사회에서 우리는 끊임없이 목표를 향해 달리고, 비교와 경쟁 속에서 자주 내면의 평화를 잃어버리곤 한다. 이 과정에서 종종 진정한 나 자신과의 연결을 잃고, 무엇이 나를 정말로 행복하게 하는지 잊고 살아가는 경우가 많다.

쇼펜하우어는 이러한 현실에서 작은 것에서 행복을 찾는 방법, 그리고 지나친 욕망을 줄이는 방식을 권유한다. 그는 '적당한 즐거움'이 중요하다고 보았는데, 이것은 오늘날 '소확행'이라는 개념과도 닿아 있다.

우리 삶의 작고 소소한 행복들, 이를테면 아침의 따스한 햇살이나 한 잔의 커피에서 오는 즐거움을 온전히 느끼는 것이야말로 우리가 찾을 수 있는 소중한 행복의 원천이다. 일상의 작은 행복들을 놓치지 않는 것이 중요한 이유는 그것이 고통을 감내하며 살아가는 우리에게 큰 위안과 의미를 제공하기 때문이다.

반면 니체는 우리에게 적극적인 자기 초월의 길을 제안한다. 고통과 시련을 맞닥뜨릴 때, 그것을 피하거나 억누르기보다 수용하고 넘어서야 한다고 말한다. 그는 인간이 진정한 초인이 되기 위해서는 자신의 약함을 인정하고 이를 딛고 일어설 수 있는 의지를 가져야 한다고 믿었다.

이러한 니체의 철학은 우리가 삶의 어려움 속에서 의미와 가치를 찾고, 성장과 자기 변화를 통해 새로운 단계로 나아가도록 격려한다.

　두 철학자의 가르침을 현대에 적용한다면, 우선 작은 것에서 행복을 찾으며 스스로의 내면을 깊이 성찰할 필요가 있다. 그리고 삶의 도전에 직면했을 때는 그것을 피하지 않고 극복해 나가는 자세를 가지는 것이 중요하다. 쇼펜하우어의 내면적 평화와 니체의 자기 초월은 모두 현재를 살아가는 우리가 더 진정한 행복과 성장을 경험할 수 있도록 이끈다.

　따라서 쇼펜하우어와 니체가 우리에게 남긴 메시지는 결국 스스로의 삶을 돌아보며, 고통과 행복을 통합하여 온전한 자아를 형성하라는 것이다. 이들의 철학은 시대를 뛰어넘어 우리에게 성찰과 자기 발견의 길을 안내한다. 우리는 각자의 방식으로 그들의 사상을 실천함으로써 삶의 진정한 본질에 한 발짝 더 다가갈 수 있을 것이다.

04

고삐를 쥐다:
주도권을 위한 투쟁

/

주도권과 통제의 중요성: 5분의 힘을 잃지 않기 위해

    바쁜 일상 속에서 누구에게나 5분이라는 짧은 시간은 주어진다. 그 5분 동안 우리는 다이어리를 펴서 기록할 수도 있고, 자신의 삶을 정리하거나, 목표를 돌아볼 수도 있다.

    그러나 현실에서는 이런 간단한 일조차도 꾸준히 이어가지 못하는 경우가 많다. 아픈 날도 있고, 정신없이 바쁜 날도 있으며, 예상치 못한 일이 생기는 날도 많기 때문이다.

그럴 때 우리는 다이어리에 손도 대지 못하고 넘어가게 된다. 그러나 많은 고민 끝에 우리는 이런 상황을 만드는 이유가 단 하나, 바로 '통제의 부재'라는 결론에 도달하게 된다.

하루를 통제하지 못할 때, 나의 의지와는 무관하게 내 시간은 흘러가는 대로 방치되고 만다. 내가 5분을 쓰고 싶어도 통제되지 않는 하루는 나의 선택을 무력하게 만들고, 결국 하루가 끝날 때쯤에는 무언가를 놓친 기분만 남게 되는 것이다. 여기서 중요한 것은 '주도권'이다.

주도권이 없는 하루는 나의 인생을 외부 요인에 끌려다니게 하고, 내가 설정한 목표와 방향을 잃게 만든다.

누군가 내 인생을 주도하고, 상황이 지배하며, 심지어는 누군가의 의도에 따라 내가 흔들리기도 하는 모습을 쉽게 발견한다. 가령, 업무에서 요구되는 일정에 맞추어 하루를 계획하려 해도, 예상치 못한 상사의 요청이나 갑작스러운 마감 시한으로 인해 내 스케줄이 변경되곤 한다.

그리고 이 과정이 반복되다 보면, 결국에는 내가 주도하고 싶었던 시간도, 이루고 싶었던 목표도 어느새 멀어져 간다.

그렇다면 이 상태에서 벗어나기 위해서는 어떤 노력이 필요

할까? '나의 하루를 내가 통제할 수 있는 능력'을 키우는 것이
필요하다.

아침을 시작으로 하루의 주도권을 잡기

　아침이야말로 하루를 통제하고 주도권을 쥘 수 있는 가장
좋은 시간이다. 아침의 시간을 나만을 위한 시간으로 정하면,
하루가 다른 방향으로 흘러가더라도 나의 중심이 흔들리지
않을 것이다.

　예를 들어, 아침에 5분을 투자하여 다이어리에 간단히 하루
의 목표와 계획을 적어 보는 것은 아주 강력한 시작이 될 수
있다. 이때 중요한 것은 계획이 단순히 머릿속에서 그치는 것
이 아니라, 구체적으로 글로 적히는 것에 있다.

　글로 적힌 계획은 하루의 주도권을 다시 쥘 수 있는 다짐이
되며, 하루를 주도적으로 이끌어가는 출발점이 된다.
　만약, 아침 5분 동안 나의 목표를 다시 확인하고, 하루의 우
선순위를 명확히 한다면, 그날 하루뿐만 아니라 더 나아가 내

인생 전체가 달라지기 시작할 것이다.

아침 시간을 어떻게 사용하는지가 하루의 분위기를 좌우하며, 그 하루가 반복될수록 우리의 미래도 자연스레 바뀌게 된다. 하루라는 시간은 짧게 느껴질 수 있지만, 하루하루의 주도권을 쌓아 나가는 과정이 곧 인생의 주도권을 찾는 길이 되기도 하기 때문이다.

주 100시간의 노력과 주도권의 상관관계

최근 주 100시간이라는 개념이 많이 등장한다. 누군가에게는 도전적인 목표로 느껴지며, 또 누군가에게는 불편하고 피하고 싶은 주제일 수도 있다. 주 100시간을 도전했지만 실패한 사람도 많다. 실패의 이유는 어디에 있을까?

대부분의 경우 그 이유는 바로 주도권의 부재에 있을 것이다. 주도권이 없는 상태에서 하루를 채우기 위해 100시간을 단지 일하는 데에만 사용한다고 상상해보라.
이런 상태에서는 노력의 방향이 불분명해지고, 의미 없는 시간이 누적되며, 결과적으로는 성과도 보장되지 않는다.

주 100시간을 어떻게 사용하는지보다 중요한 것은 그 시간의 방향성을 결정하는 것, 그리고 자신이 주어진 그 시간을 통제하는 힘을 키우는 것이다.

주 100시간이란 목표를 도전할 때 주도권을 잃게 되면, 그 노력은 고통으로만 남고, 시간은 허비되며, 최종적으로는 어떤 성과를 내기도 어렵다. 그래서 많은 이들이 단순히 시간을 채우는 것보다 시간의 질을 높이기 위해 주도권을 확보해야 한다고 말하는 것이다.

목표는 단순한 시간이 아닌, 내 노력과 방향성이 일치할 때 비로소 달성할 수 있다. 그러므로 노력하는 시간을 무작정 늘리는 것보다 나의 의지로 노력의 방향을 정할 수 있을 때 진정한 성과가 나온다.

직장 내 주도권과 자기 보호의 중요성

대부분 사람은 직장 생활을 하며 일정 시간 동안 특정 업무를 수행한다. 이때 회사가 직원들에게 주도권을 어느 정도 허락하는지에 따라 직원의 일상이 달라질 수 있다. 만약 회사가 개인의 주도권을 허락하지 않고, 전적으로 회사의 필요에 따라 시간을 쓰도록 한다면, 그런 환경에서는 나의 시간과 에너지를 쉽게 빼앗기게 된다.

그럴 때 우리는 주어진 업무 이상으로 시간과 에너지를 투자하지 않는 것이 좋다. 만약 회사에서 요구하는 시간 외 업무에 자신이 아무런 주도권 없이 투입된다면, 그 시간은 곧 내 삶의 일부를 빼앗기는 것과 같기 때문이다.

주 100시간 중 40시간을 회사에 쓰기로 한 상황이라면, 나머지 60시간은 내 인생과 목표를 위한 시간으로 사용하는 것이 합리적이다. 직장에서 내 시간과 노력을 필요 이상으로 소진하게 된다면, 나머지 삶을 나의 주도권으로 관리하기 어려워진다.

나의 주도권이 없는 곳에서는 더 이상의 시간을 소비하지 않는 것이 나의 삶과 행복을 지키는 방법이다. 하루의 일정은 회사에 맞출 수 있지만, 인생의 방향성은 나에게 맞추어야 하는 이유가 여기에 있다.

다이어리 기록: 삶을 통제하는 표식으로서의 의미

다시 다이어리를 쓰는 행위로 돌아와 보겠다. 다이어리에 일정을 기록하는 것은 단순히 하루의 일정을 정리하는 것에 그치지 않는다. 즉, 나의 삶을 통제할 수 있다는 표식이 된다

하루의 일정을 기록하며, 스스로의 힘으로 하루를 통제할 수 있다는 확신이 생긴다. 이는 하루라는 시간을 온전히 내 의지로 관리하는 과정이며, 이 과정을 통해 우리는 내가 어떤 우선순위를 가지고 있는지, 또 무엇이 중요한지를 분명하게 인식할 수 있다.

우선순위가 명확할 때 우리는 외부 상황이나 예기치 못한 사건에도 흔들리지 않고, 나의 삶의 중심을 지킬 수 있다.
예를 들어 다이어리에 오늘의 세 가지 중요한 목표를 기록해 두고, 이를 하루 동안 지속적으로 점검하는 것은 나의 삶을 통제하고 주도권을 유지하는 하나의 방법이 된다. 일상 속

에서 외부 요인들로 인해 계획이 어긋나거나 변경될 때도 다이어리에 기록된 우선순위가 나의 중심을 잡아준다.

우선순위 설정과 방해 요소 줄이기: 미래의 나를 위한 투자

우선 내 인생에서 가장 중요한 세 가지가 무엇인지 정의해 보라. 이를 통해 나의 주도권을 되찾을 첫걸음을 내디딜 수 있다. 우선순위는 현재의 나뿐만 아니라 퓨처 셀프(Future Self), 즉 미래의 나에게도 도움을 줄 수 있어야 한다.

우선순위는 단기적으로 목표를 달성하기 위한 것이기도 하지만, 궁극적으로는 내가 어떤 사람이 될지를 정의하는 요소이기도 하다.

제프 베조스가 말하는 '후회 최소화 법칙'처럼, 나의 행동이 퓨처 셀프에 부채가 될 것인지, 아니면 자산이 될 것인지를 고민하는 것은 중요하다.

지금 당장의 편안함을 추구하는 행동이 어쩌면 미래의 나에게 큰 부담이 될 수 있다. 내가 하는 선택이 내가 원하는 미래에 긍정적 영향을 줄 수 있는지를 항상 염두에 두어야 한다.

　이 과정을 통해 현재의 나는 미래의 나에게 도움이 되는 행동을 선택할 수 있으며, 이 선택들이 모여 나의 인생의 주도권을 결정해 나가는 것이다.

　미래의 나를 위한 투자라는 관점에서 우리가 당장 할 수 있는 것은 미래를 위한 작은 습관을 길들이는 것이다. 주도권을 되찾기 위해 지금 할 수 있는 최선의 방법 중 하나는 매일 조금씩이지만 규칙적으로 자기 자신에게 투자하는 일이다.

　5분 동안 다이어리에 목표를 적거나, 책을 한 페이지 읽거나, 명상으로 마음을 차분히 가라앉히는 일들이 여기에 해당한다. 처음에는 이 작은 일들이 나에게 큰 변화를 주지 않을 것처럼 보일 수 있다. 그러나 이런 작은 노력들이 쌓여 갈수록 내 삶의 방향성을 나 자신이 설정하고 있음을 느낄 수 있게 된다.

　또한, 미래의 나를 위한 투자는 현재 나의 삶의 태도에도 큰 영향을 미친다. 매일 하루를 주도적으로 살기 위해 5분이라도 나만의 시간을 갖는 것은 나 자신에게 약속을 지키는 과정이며, 이를 통해 자존감과 자기 효능감을 키워나가게 된다.

주도적으로 살아간다는 것은 단지 목표를 이루는 것만을 의미하지 않는다. 그것은 내 인생의 주인으로서 책임을 다하고, 내가 원하는 방향으로 미래를 만들어가는 과정이기도 하다.

현재의 나와 미래의 나를 연결하는 이 작은 습관들이 쌓일수록, 더 이상 외부의 상황이나 타인의 요구에 흔들리지 않고, 내가 설정한 방향으로 흔들림 없이 나아갈 수 있는 힘이 생긴다. 이런 주도적인 삶의 태도는 결국 현재의 나와 미래의 나 모두를 위한 자산이 된다.

따라서 다이어리에 기록을 남기고 하루의 목표를 다시 점검하는 행위는 단순히 하루를 기록하는 일이 아니라, 나의 삶을 의식적으로 설계하고 통제하는 중요한 방식이 된다.

이 과정에서 나의 내면의 소리를 듣고, 진정한 내가 원하는 삶의 방향을 설정할 수 있게 된다.

주도권을 가지는 삶은 하루하루를 의미 있게 쌓아가는 과정이며, 이것이 반복되면 나의 인생은 내가 원하는 방향으로 나아가게 된다. 지금 당장은 작은 변화일지라도, 이는 미래에 큰 차이를 만들어내는 씨앗이 될 것이다.

05
무상과 자유:
존재와 허무

/

죽음은 인간이라면 누구나 마주하게 되는 인생의 마지막이다. 우리가 평소에 그 사실을 심각하게 생각하지 않고 살아가는 이유는 죽음이 우리 일상에서 너무 멀리 있다고 느껴지기 때문이다.

그러나 죽음이라는 것은 우리 모두의 일이 될 수 있다. 이러한 죽음은 나 자신을 기준으로 1인칭, 2인칭, 3인칭으로 분류되고는 한다. 1인칭은 나의 죽음, 2인칭은 너의 죽음, 그리고 3인칭은 그들의 죽음이다. 이 중에서도 가장 강렬한 감정을 불러일으키는 것은 2인칭, 즉 '너'의 죽음이다.

사랑하는 존재의 죽음 혹은 영원한 부재는 우리에게 극심한 고통을 안겨준다. 철학자 스피노자는 "사랑이란 '너'와 함께 할 때의 기쁨이다"라고 말한 바 있다. 이를 반대로 해석하면 '너'의 부재로 인해 우리는 고통을 느끼며, 그 고통의 존재와 정도로 '너'를 사랑했음을 인정하게 된다.

일생을 살아가며 우리는 많은 이들과 관계를 맺고, 그들 중 어떤 이들의 존재는 우리에게 더욱 중요한 의미를 가진다. 그러나 애석하게도 그 의미를 즉각적으로 알아차리지 못하는 경우도 허다하다. 그래서 우리는 종종 누군가를 잃은 뒤에야 비로소 그 존재의 가치를 깨닫는다.

머리로는 '어머니가 돌아가시면 슬프겠지'라고 생각하지만, 실제로 그 순간이 오면 예상과는 다르게 견딜 수 있게 느껴지기도 한다. 반면, 전혀 예상치 못했던 사람의 죽음에 가슴 깊이 슬픔이 몰려올 때도 있다. 인간은 생각보다 자주 뒤늦게 사랑을 깨닫고, 빈자리를 통해 그 사람이 얼마나 소중한 존재였는지를 알게 된다.

'너'의 죽음이 이토록 무겁고 아픈 이유는 단순히 세상에서 그의 존재가 사라졌기 때문만은 아니다. 어찌 보면 그것은 사랑하는 사람과 함께 공유한 하나 된 감정 때문일 것이다. 그래서 우리는 그 존재가 없어졌을 때 마치 나의 한 부분이 잘려나간 것 같은 상실감을 느낀다.

이를테면, 다리를 잃은 것 같은 아픔, 그것이 바로 '너'의 죽음이 주는 고통이다. 사랑하는 사람을 잃는 것은 살아있는 사람, 살아남은 사람이 감당해야 할 고통이며, 이 고통은 때로는 너무도 크고 깊어 정신적 충격으로 우리를 잃게 만들기도 한다. 깨어나면 그 사람이 더 이상 이 세상에 없다는 현실을 받아들이는 게 너무도 고통스러워서 자신을 어딘가에 가둬 두는 것인지도 모르겠다.

간혹 고통을 피하기 위해, 상처받지 않기 위해 이렇게 말하는 사람도 있다. "아무도 사랑하지 말자." 맞는 말이기는 하다. 사랑하지 않으면 그 존재를 잃는 고통도 겪지 않게 될 테니까.

그러나 사랑하는 사람을 만나고, 사랑을 느끼고, 사랑을 잃고 온 마음으로 아파하는 것이야말로 우리가 사랑할 줄 아는 그러한 인간임을 방증하는 방법이기도 하다.

우리는 누군가가 곁에 있든 없든 '너'라는 존재를 가슴에 품고 살아간다. 그렇다면 나에게 있어 '너'는 누구일까?

사랑을 알고 사랑을 실천하는 사람은 누구든 삶의 마지막 순간까지 그 고통을 감내할 것이다. 누군가는 '너'의 죽음에서 엄청난 슬픔을 겪을 것이고, 누군가는 그 사람의 죽음에 생각보다 무심할 수 있다.

우리가 예상하는 감정과 실제로 마주한 감정 사이의 괴리야말로 인간이 삶을 살아가면서 깨닫는 지혜 중 거대한 하나이다.

'너'라는 존재는 항상 명확하게 존재하지는 않는다. 때로는 그 존재가 떠난 후에야 내게 얼마나 소중한 사람이었는지를 알게 되고, 때로는 예상과 다르게 죽음이 가벼울 수 있다. 그러나 빈자리가 크게 느껴질수록, 그 사람이 의미가 있었다는 증거가 됨은 분명하다.

내가 죽는다면 얼마나 아플까? 생각해 본다. 그러면 우리가 얼마나 죽음에 대해 착각하고 있는지 문득 깨닫게 된다. 2인칭 죽음, 사랑하는 '너'의 죽음은 남겨진 나에게 고통이 크지만, 1인칭 죽음, 즉 '나'의 죽음은 내게 고통이 없다. 그러니 나는 괜찮을 것이다. 남겨진 내 주변의 다른 이들은 어떨지 몰라도.

세상을 사랑하는 시선으로 바라보는 이는 세상 모든 사람이 '너'일 수 있다. 그들은 타인의 죽음을 그들의 죽음으로 여긴다. 뉴스에서 전해지는 죽음조차 '너'의 죽음처럼 슬픔으로 받아들이는 성인이 되는 것이다.

그러나 그런 경우까지 다다른 사람은 생각보다 드물고, 우리는 보통 '너'의 죽음을 통해 사랑의 본질을 깨닫고는 한다. 사랑하는 '너'가 있는 사람은 상실의 고통을 두려워만 하지 않고 기꺼이 감수하는 용기를 가진다.

삶은 결국 죽음과 맞닿아 있다. 우리는 살아가며 무수한 고통을 겪는다. 사랑하는 사람을 잃는 고통, 경제적·재정적 어려움, 그리고 하나하나 열거하기도 힘든 일상의 스트레스들.

그럼에도 우리가 살아가는 이유는 그 고통 속에서도 소중한 무언가를 발견할 수 있기 때문이다. 아침에 일어나 사랑하는 사람을 마주할 수 있고, 아름다운 풍경을 바라볼 수 있으며, 누군가에게 사랑을 표현할 수 있는 기회가 살아있다면 부여되기 때문이다.

사람은 살아가면서 고통을 겪고 그 고통 속에서 어느 정도 성숙해진다. 성숙이라는 게 즐거움을 나누는 것만이 아니라 고통을 나누는 것도 된다는 사실을 깨달아 간다.

상대방의 아픔을 나의 아픔으로 느낄 수 있을 때 우리는 진정한 사랑을 경험한다. 성숙한 사랑은 결국 고통과 맞닿아 있고, 그 고통을 기꺼이 받아들이는 용기 속에서 우리는 성숙하는 셈이다.

삶의 마지막에 직면한 죽음은 우리를 겸허하게 만든다. 우리는 모두 삶의 끝에서 누군가의 손을 잡고 그들의 죽음과 나의 죽음을 바라보게 된다.

살아가며 수많은 '너'들을 만나고, 그들과 함께 기쁨과 고통을 나눈다. 그 관계 속에서 진정한 사랑을 깨닫고, 우리가 가진 시간의 소중함을 알아가게 된다. 그러니 죽음을 너무 특별하게 대하지 말라. 죽음의 순리를 인지하고 순간의 사랑일지라도 용감하게 사랑하며 아껴주자.

그리고 무엇보다 나 자신을 사랑해 주어야 한다. 삶의 무게를 혼자 오롯이 지지 않아도 된다. 자신이든, 가족이든 책임감으로 삶을 이끌어 왔다면 이제 세상의 중심이 '나'라는 착각을 내려놓자. 내가 없어도 세상은 잘 굴러간다.

이제 삶의 무게를 좀 내려놓고 내가 무너지지 않도록 해야 한다. 힘들면 힘들다, 도움이 필요하면 필요하다, 쉬고 싶으면

쉬어야겠다고 정직하게 표현하면서 몸도 마음도 무너지지 않
도록 지켜가는 게 어떨까.

　살아가면서 우리는 누구나 여러 갈래의 길을 선택하며, 그
길에서 크고 작은 고통을 맞이하게 된다. 고통은 우리를 단련
시키기도 하고 때로는 쓰러지게도 만든다. 하지만 이러한 고통
속에서 우리가 더 성숙해지고 깊어지며, 삶의 본질을 이해하
게 되는 순간들도 있다.
　슬픔과 아픔을 겪는 과정에서 인간은 비로소 연약함을 받
아들이고, 그 안에서 진정한 자신을 발견할 기회를 얻는다. 특
히 사랑하는 사람을 잃은 후의 상실감은 우리에게 가장 큰 아
픔이지만, 그 상실이 우리를 더욱 사랑할 수 있는 사람으로 변
화시키기도 한다.

　사랑하는 이의 죽음을 경험한 사람들은 그들의 빈자리가
남겨진 시간 속에서 어떻게 나를 성장시켰는지 깨닫게 된다.
사랑하는 사람이 떠난 후에도 우리는 그가 남긴 추억과 그가
보여준 사랑 속에서 다시금 자신의 삶을 재정비하고, 그를 떠
올리며 삶의 의미를 되새긴다.
　그래서 우리는 남겨진 사람으로서, 여전히 그들과 연결되어

있다는 사실을 느끼며 자신의 삶을 사랑하고 또 소중하게 여겨야 할 이유를 발견하게 된다.

삶은 예상치 못한 방향으로 흘러가지만, 우리는 그런 변화속에서 살아가는 방법을 배운다. 그렇기에 남은 삶 동안 우리는 스스로에게 더 따뜻한 시선을 보내고, 주어진 순간순간에 감사할 수 있어야 한다. 우리가 사랑했던 사람들, 그리고 나자신에게 부드럽고 너그러운 마음을 가지는 것이야말로 삶을존중하고 진정한 행복에 다가가는 길일 것이다.

또한, 사랑을 주고받으며 쌓아온 소중한 관계들은 우리가생의 끝자락에서 뒤돌아볼 때 가장 빛나는 기억으로 남을 것이다. 서로를 진심으로 아끼고 사랑했던 시간, 함께 웃고 울었던 순간들은 우리의 삶을 더욱 가치 있게 만들어준다. 이러한기억들이야말로 죽음의 순간에조차도 따뜻하게 우리를 감싸줄 힘이 되어줄 것이다.

그러니 삶의 마지막을 준비하는 마음으로 매일을 살아가자. 우리가 마주하는 고통이 있더라도 그것은 우리가 사랑할 수있었기 때문이라는 사실을 기억하자. 이 세상에 남아 있는 동안 우리는 충분히 사랑하고, 충분히 사랑받으며, 때로는 고통을 마주하며 나와 타인을 이해하고 보살피는 법을 배운다.

삶은 그 자체로 선물이자 도전이며, 우리가 주어진 이 시간을 어떻게 살아갈지 결정할 수 있는 기회를 준다. 지금의 나에게 충실하고, 내 곁에 있는 사람들에게 감사하며, 스스로를 아끼는 마음으로 삶을 살아가자. 그리고 내 마지막 순간이 오더라도, 내가 살아온 하루하루가 아름다운 기억으로 남을 수 있도록, 오늘도 나의 삶에 최선을 다해 보자.

이렇게 소중한 나날들이 쌓여 나갈 때, 우리는 언젠가 마주하게 될 죽음 앞에서도 더 이상 두려움이 아니라 평온함을 느낄 수 있을 것이다. 살아온 시간들에 대해 후회가 아닌 자부심을 가질 수 있기를, 그리고 내 곁에 있었던 모든 사랑에 감사하며 미소 지을 수 있기를 바란다.

06
내면의 흥:
작은 순간의 즐거움

/

인생은 우리 모두에게 끊임없이 질문을 던진다. 과연 무엇이 행복인가? 우리는 무엇을 위해 살아가는가? 공자와 노자, 장자와 같은 위대한 사상가들은 오랜 세월 동안 이 질문에 대해 자신만의 답을 제시해 왔다.

그들의 철학 속에서 우리는 진정한 행복과 인생의 의미를 찾을 수 있다. 특히, 공자와 노자의 가르침은 삶의 흥, 즉 인생을 어떻게 즐기고 어떻게 의미 있게 살아갈 것인지에 대한 중요한 통찰을 제공한다.

공자는 "창고에 물자가 풍부해야 예절도 알고, 먹고 입는 것이 풍족해야 명예와 치욕을 알게 된다"라고 말했다. 인간의 기본적인 욕구가 충족되어야만 예절을 알고, 명예와 치욕을 인식할 수 있다는 그의 말은 현실적인 인간 삶의 근간을 정확히 관통한다.

예절이나 도덕이 단순한 윤리적 가르침이 아닌, 경제적 안정 속에서 자연스럽게 생겨나는 것이라는 그의 관점은 오늘날 적용하기에도 충분히 유효하다.

하지만 단순히 물질적인 풍요가 아니라, 그 풍요 속에서 흥을 잃지 않고 살아가는 것이 또한 중요하다는 점에서 공자의 철학은 한층 더 의미를 가진다. 흥을 잃지 않는 삶은 중요하다.

공자는 도덕적이고 엄격하게만 우리에게 알려져 있는 인물은 아니다. 그는 흥을 통해 삶의 의미를 찾고자 했던 인물이었기 때문이다. 그가 말한 '흥생흥사(興生興死)'라는 개념은 흥미와 즐거움을 통해 인생을 살아가야 한다는 그의 철학을 빼곡히 담고 있다.

공자는 배움과 친구, 그리고 자기만의 속도로 살아가는 것을 인생의 가장 큰 즐거움으로 여겼다. 이는 단순히 물질적 풍요를 넘어서, 인생을 어떻게 살아가야 하는지에 대한 중요한 메시지를 담고 있다.

공자의 유명한 가르침인 "학이시습지, 불역열호(學而時習之, 不亦悅乎)"는 배움을 통해 얻는 기쁨을 이야기한다. 그는 단순히 학문을 쌓는 것이 아니라, 그 배움을 지속적으로 실천하고 익히는 과정에서 진정한 기쁨을 느낀다고 말했다. 이는 현대를 살아가는 우리에게도 중요한 가르침이다.

우리는 종종 학문이나 일을 단지 의무로만 여기고, 그 과정에서 즐거움을 찾지 못할 때가 많다. 어쩌면 생각보다 자주 그러하다. 하지만 공자는 그 과정 자체가 즐거워야 한다고 강조한다. 자신이 지금 하고 있는 일에 흥미를 느끼고, 그 일에 몰두하는 순간 진정한 기쁨이 찾아온다는 것이다.

공자는 또한 친구와의 관계를 중요시했다. "유붕자원방래, 불역락호(有朋自遠方來, 不亦樂乎)"라는 구절은 좋은 친구가 멀리서 나를 찾아오는 것만으로도 기쁨을 느낀다는 뜻이다. 친구와의 우정, 그리고 그 속에서 얻는 기쁨은 인간관계의 중요성을 강조하는 동시에 그 관계 속에서 얻는 행복을 강조한다.

공자는 단지 성공이나 물질적 성취가 아닌, 인간관계 속에서 진정한 기쁨을 찾아야 한다고 말하였다.

마지막으로, 공자는 타인의 시선에 얽매이지 말고 자신의 속도대로 살아가라고 가르쳤다. "인부지이불온, 불역군자호(人不知而不慍, 不亦君子乎)"라는 말은 타인이 나를 어떻게 생각하든 그것에 연연하지 않고 나답게 살아가는 것이 군자의 도리라는 의미이다. 우리는 자주 타인의 시선에 얽매여 자신을 잃고, 사회의 기준에 맞춰 살아가려 한다.

하지만 공자는 이러한 외부의 평가보다는 자신의 내면과 속도를 중시하며 살아가야 한다고 강조한 것이다.

반면, 노자는 비움과 나눔의 철학을 통해 인생의 흥을 설명했다. 그는 도덕경에서 "도를 도라 할 수 있으면 그것은 영원한 도가 아니다"라고 말하며, 고정된 하나의 길을 고집하지 말고 여러 길을 탐구하라는 메시지를 던졌다. 노자는 인생에서 흥을 찾는 방법으로 가진 것을 비우고 나누는 것을 제시하였다.

그의 철학은 단순히 무소유를 강조하는 것이 아니다. 가진 것을 통해 얻는 기쁨보다 나눌 때 얻는 행복이 더 크다는 묵직한 깨달음을 전달한다.

노자는 "돈을 버는 것보다 쓰는 것이 더 흥이 난다"고 말하기도 했다. 이는 단순히 소비를 권장하는 것이 아니라, 물질적인 소유에 집착하지 않고 그것을 나누며 살아갈 때 더 큰 행복을 느낀다는 정신을 담고 있다.

부모가 자녀에게 용돈을 받을 때보다, 자녀를 위해 정성껏 음식을 해 줄 때 더 큰 행복을 느끼는 것과 같은 이치이다. 언뜻 보면, 세상으로부터 칭찬받고 성공하고 출세할 때 행복할 것 같지만, 오히려 내려놓고 비우고 섬기고 나누는 과정에서 더 큰 기쁨을 느낄 수 있다는 그의 철학은 오늘날에도 큰 울림을 준다.

그렇다면 장자는 어떻게 생각했을까. 장자는 자유와 욜로(YOLO, You Only Live Once) 정신으로 흥의 철학을 더욱 확장시켰다. 그는 욜로 정신을 가장 먼저 실천한 사상가로도 여겨진다. 장자는 실제로 권력과 명예를 거절하며, 자유로운 삶을 선택했다.

초나라 왕이 장자에게 재상의 자리를 제안했을 때에도 그는 이러한 출세의 길을 단호하게 거절했다. 그는 '고전(高殿)'이 되기보다는 고독한 돼지가 되겠다라고 말했다. 이는 부와 명예를 얻는 것보다, 자유롭게 자신의 인생을 살아가는 것이 더 중요하다는 장자의 철학을 잘 보여준다.

장자는 비록 시궁창에 살더라도 자신의 인생을 사랑하고, 그 속에서 자유를 느끼며 살고 싶다고 말했다. 이는 물질적 성공이 행복의 척도가 아니라, 진정한 자유와 흥미를 찾는 것이 인생의 핵심이라는 그의 철학을 단단히 담고 있다. 장자의 이러한 가르침은 오늘날 워라밸(Work-Life Balance)을 추구하는 현대인들에게도 중요한 메시지를 던진다.

　이렇듯 공자, 노자, 장자는 각각 다른 방식으로 인생의 흥과 의미를 이야기한다. 하지만 그들이 공통적으로 강조한 것은 결국 인생을 즐기고, 자신만의 길을 찾아가야 한다는 것이다.
　공자는 배움과 인간관계 속에서, 노자는 나눔과 비움 속에서, 장자는 자유와 개성을 통해 인생의 진정한 흥을 찾으라고 가르쳤다.

　이들의 가르침은 오늘날에도 여전히 유효하다. 우리는 끊임없이 성공과 물질적 풍요를 추구하지만, 그 과정에서 진정한 행복과 의미를 잃어버리곤 한다. 하지만 공자, 노자, 장자가 말한 흥의 철학을 되새기며, 단순히 외적인 성취가 아닌 내면의 기쁨과 자유를 찾아가는 것이 인생의 진정한 길이 아닐까.
　그 길 위에서 우리는 비로소 인생의 참된 흥을 누릴 수 있을 것이다.

  마지막으로, 이들 사상가들의 철학을 이해하는 것은 그저 과거의 지혜를 단순히 암기하는 것이 아니라, 현재 우리의 삶 속에서 실천할 수 있는 의미 있는 행동 지침을 찾아가는 일이다.
  공자, 노자, 장자가 우리에게 던진 메시지는 결국, 인생을 두려워하지 말고 온전히 받아들이라는 것이다. 그들은 각자의 방식으로 우리에게 진정한 행복과 흥미를 느끼는 방법을 가르쳐 주었고, 이는 우리 자신에게 진솔한 질문을 던지도록 만든다.

  공자의 가르침은 인생의 기쁨을 배우고, 인간관계 속에서 소중한 의미를 발견하는 데 있다. 우리는 자주 목표에 매몰되어 나 자신을 잃거나, 일상의 소소한 즐거움을 놓치고 만다. 하지만 공자는 학문과 우정, 자아 성찰의 기쁨을 통해 우리에게 삶이 주는 소박한 흥을 일깨운다. 어쩌면 행복은 먼 곳에 있는 것이 아니라, 바로 옆에 있는 친구와의 웃음과 우리가 배움을 통해 얻게 되는 작은 성취 속에 존재할 것이다.

  노자는 더 나아가, 가진 것을 집착하지 않고 내려놓음으로써 진정한 흥을 누릴 수 있다고 말했다. 오늘날 우리는 끊임없이 물질적인 성취를 추구하고, 소비와 성공의 사이클 속에서 진정한 행복을 자주 잃곤 한다.

그러나 노자의 비움과 나눔의 철학은 물질적 소유에 얽매이지 않는 삶의 자유로움을 강조한다. 때로는 많은 것을 소유하지 않더라도, 나누고 내려놓을 때 비로소 인생이 가벼워지고 진정한 기쁨을 느낄 수 있다는 그의 철학은 오늘날에도 큰 울림을 준다.

장자의 사상은 자유를 추구하는 현대인들에게 특히 유효하다. 그는 권력과 명예보다 자신만의 삶을 사는 것을 중요하게 여겼으며, 진정으로 자신을 사랑하고 그 속에서 흥미와 자유를 찾아가는 것이 무엇보다 가치 있는 일이라고 보았다.

장자는 우리가 얽매임 없이 자신을 받아들이고, 순간을 즐기며 살아갈 때 인생의 참된 흥을 느낄 수 있다고 말한다. 세상의 기준과 타인의 시선에서 벗어나 오로지 나만의 길을 걸어가는 것, 그것이야말로 진정한 행복과 의미의 길이다.

우리는 이들 사상가들의 가르침을 통해 인생이란 무엇인지, 행복이란 어떤 것인지, 그리고 진정한 흥미를 느낀다는 것이 무엇인지를 깊이 있게 고민해볼 수 있다.

삶은 짧고, 모든 것이 영원하지 않다. 공자, 노자, 장자는 우리가 인생의 여러 갈림길에서 끊임없이 질문을 던지며 삶의 의미를 찾아가야 한다고 가르쳐 준다. 그 과정에서 자주 실패하고 상처받을 수도 있지만, 인생은 그것 자체로 흥미롭고 아름다운 여정이다.

이제 우리의 과제는 그들의 철학을 우리 삶에 녹여내어 실천하는 것이다. 바쁜 일상 속에서도 배움의 기쁨을 잊지 않고, 타인과의 관계에서 진정한 행복을 찾아가며, 물질적 소유에 연연하기보다는 나눔과 비움을 실천하는 삶을 살아가야 한다. 그리고 세상에 얽매이지 않고 오로지 나만의 자유로운 길을 찾아가며 인생을 즐길 수 있는 용기를 가져야 한다.

우리 모두는 각자 인생이라는 여정을 걸어가며 수많은 선택의 순간을 마주한다. 공자, 노자, 장자의 가르침은 우리가 그러한 순간에 무엇을 기준으로 삼아야 할지 알려주는 등대와 같다. 그들이 강조한 삶의 흥을 기억하며, 단순히 성공과 물질을 넘어서는 진정한 행복을 추구하는 길을 걸어가자. 우리 인생의 여정 끝에서 후회가 아닌 성숙한 웃음과 깊은 평화를 누리며, 자신의 삶을 자랑스러워할 수 있기를 바란다.

그리하여 우리가 최종적으로 도달하게 되는 곳은 단순히 목적지에 도착하는 것이 아닌, 그 과정에서 진정한 나 자신을 찾고, 세상과 화합하는 깊은 만족을 누리는 지점일 것이다. 삶은 아름답고, 인생은 곧 흥이다.

2부

탐구의 순간들

07
시간의 궤적:
삶의 흐름

/

삶을 살아가면서 나와 나이도 같고 한때는 가깝게 지냈던 사람들이 시간이 흐르며 나의 경계 밖으로 사라지는 순간이 온다. 그러한 순간에 우리는 스스로가 내디뎌야 할 삶의 궤적이 서로 다르다는 사실을 자연스럽게 깨닫게 된다.

우리는 같은 속도로 살아가지 않으며, 각자 다른 방향으로 나아가는 존재다. 고대의 경전에서도 이러한 이치를 담고 있는데, "어리석은 자와 함께 가는 것보다 혼자 가는 것이 낫다" 라는 말은 혼자 걸어가야 하는 길이 때로는 더 현명한 선택일 수 있음을 시사한다.

이 말은 나의 현재 상황에도 깊이 있게 와 닿는다. 나는 계속해서 성장하고 발전해 나가고 있지만, 그 길 위에서 문득 혼자라는 현실이 다가오는 순간이 있다. 그러나 그것은 외로움이라기보다는 '같이 하고 싶은 사람이 없어'라는 심정에 가까운 것 같다.

사실 세상을 살아가다 보면 누구나 혼자일 수밖에 없는 때가 있다. 우리는 혼자서도 충분히 살아갈 수 있도록 만들어진 존재이지만, 마음속 깊이 나의 모든 감정과 생각을 공유할 수 있는 누군가가 있다면 좋겠다는 바람 또한 어쩔 수 없는 인간 본성이다.

하지만 그 또한 쉬운 일은 아니다. 내 고유한 생각과 감정에 깊이 공감해줄 사람을 찾는 일은 결코 쉽지 않다. 또한 그것이 이상하거나 잘못된 일은 아니다. 그러나 내가 고유한 존재인 만큼, 나의 고유한 상념을 모두가 이해할 수 있을 거라고 기대하는 것 자체가 어쩌면 이기적일지도 모른다. 이렇게 생각하면 오히려 마음이 한결 편안해지기도 한다.

현대 사회에서는 외로움을 느끼는 사람들이 많아졌고, 사람들은 자신의 외로움에 대해 때로는 긍정적인 면을 찾으려고 노력하기도 하지만 대부분의 경우 그 외로움의 뿌리는 자기 자신에게서 비롯되곤 한다.

그러나 사실 외로움과 괴로움은 사랑이 결핍되거나 누군가와의 관계가 부족해서가 아니라, 나 자신이 아직 성숙하지 못하기 때문일 수 있다. 성숙하지 않은 마음에서는 타인을 온전히 받아들이고 건강하게 사랑하는 것이 어렵다.

누군가와 함께하고 싶다는 마음이 들더라도, 그것이 단순한 욕망에 지나지 않는다는 것을 서로 인지한다면 상대에게 무거운 짐으로 다가갈 수밖에 없다.

데일 카네기의 말처럼, 인간관계에서 상대에게 기대를 품지 말아야 한다. 상대에게 기대를 걸게 되면 나는 채권자가 되고 상대는 채무자가 되면서 관계가 불편해지기 마련이다. 타인에게 지나친 기대를 품는 것은 어쩌면 내가 스스로 만든 함정일지도 모른다.

가끔, 내가 누구와 함께하지 않고 홀로 남게 된 것은 그 사람이 부족한 것이 아니라 나의 관심사가 변했기 때문이라는 생각을 하곤 한다. 나의 관심이 바뀌고, 내가 추구하는 가치가 변했다면 이전과 같은 에너지를 그들에게 쏟을 이유가 없어진다.

어쩌면 그것이 자연스러운 이별의 과정일 것이다. 그렇게 되면 과거와 달리 그들에게 나의 시간과 관심을 빼앗기지 않고, 더 소중한 것에 집중할 수 있다. 나는 나의 시간을 어디에 쓰는 것이 진정 가치 있는 일인지 조금씩 깨달아가고 있다.

사람들은 종종 자신조차도 잘 알지 못하는 마음에 영향받아 타인을 좋아하거나, 때로는 싫어하기도 한다. 그래서 우리는 인간관계 속에서 스스로도 이해하지 못한 채 반응하고, 서로에게 기대를 가지며 그로 인해 실망하게 된다.

그들이 나를 싫어하는 것 역시 그들의 자유로운 선택이다. 나 역시 그들을 받아들이는 마음을 언제든 선택할 수 있다. 이제 나는 과거에 스스로를 드러내고 싶어 했던 욕망과, 그로 인해 지나치게 자신을 표현하려 했던 미숙함을 인정할 수 있다. 내가 타인에게 상처를 주거나 불필요한 반응을 불러일으켰던 것도 어쩌면 이와 같은 미숙함 때문이었을 것이다.

이제는 스스로를 더 단련하며 마음을 가라앉히고 싶다. 내 생각과 감정을 절제하고 조율하는 방법을 배운다면, 그것은 스스로에게 고요와 평화를 가져다줄 것이다. 이는 불교 경전 〈팔정도〉에서 말하는 '바른말, 바른 생계'의 가르침과도 맞닿아 있다.

불필요한 말을 삼가고, 의미 없는 험담과 이간질, 거친 말을 피하는 것이 중요하다. 타인과의 관계에서 주고받는 말들이 의미를 가지려면 그 말들이 진심으로 나온 것인지 스스로 자문해 봐야 한다.

내가 과거에 지나친 말과 행동으로 타인에게 상처를 주지 않았는지, 그로 인해 관계가 멀어지지 않았는지를 돌아본다면, 나 자신을 더 성숙하게 다스릴 수 있을 것이다.

또한 나는 나의 미성숙함과 욕망에 얽매여 타인의 에너지를 필요 이상으로 기대했다는 점을 반성한다. 이제는 과거의 미숙함을 인정하고, 타인과의 관계 속에서 존중과 배려를 바탕으로 살아가려 한다. 나는 이제 타인의 시선을 신경 쓰기보다는, 스스로 떳떳하고 평화로운 마음으로 살아가고 싶다.

그래서 내가 타인에게 도움을 줄 수 있는 사람이 되고, 그들의 삶에 긍정적인 영향을 미칠 수 있다면 더할 나위 없이 기쁠 것이라는 생각이 든다. 설령 그 길이 언제 끝날지 모르더라도, 나는 계속해서 나아가고 싶다. 죽음은 모든 이에게 예외 없이 찾아오는 공평한 결말이지만, 그때까지 나는 이런 식으로 얼마든지 더 성장할 수 있다.

나는 내 삶에서 나를 미워하는 사람들이 존재한다는 사실을 받아들이기로 했다. 그것은 그들의 선택이고, 내가 할 수 있는 일은 나의 삶을 평화롭게 유지하며 그들의 선택을 존중하는 것이다. 누군가가 나를 미워한다는 것은 그들의 몫이고, 나는 그들의 미움에 반응하지 않음으로써 내 삶의 고요를 지킬 수 있다.

불교의 일화처럼, 누군가가 나에게 분노를 퍼붓더라도 내가 그 분노를 받아들이지 않으면 그 분노는 결국 그들에게로 되돌아간다. 이러한 깨달음은 내 삶을 더 평온하게 만들고, 나 자신에게 충실한 삶을 살게 해준다.

타인을 미워하는 마음을 내려놓고 평화롭게 살아가면, 다른 사람들의 미움도 내게 큰 영향력을 발휘하지 못한다. 미움과 분노는 결국 자신에게 되돌아오는 것이라는 진리를 깨달은 후로, 나는 삶에서 더 고귀한 에너지를 채워가기로 결심했다. 나의 시간과 에너지를 내가 진정으로 소중하게 여기는 것에 쓰기로 한 것이다.

삶은 짧고, 우리는 모두 각자의 길을 걸어간다. 미움을 두려워하지 않고 자신을 성찰하며 살아간다면, 그 자체가 찬란한 삶의 증거가 될 것이다.

우리의 삶이 아무리 짧다 해도, 우리는 언제나 선택할 수 있다. 스스로의 삶을 정화하고, 소중한 가치에 집중하며 살아가기를 선택하는 것이다. 타인의 미움을 두려워하지 않으며, 내 삶을 스스로 다스릴 수 있는 것이 진정한 자유이자 기쁨이다.

우리는 모두 고유한 궤적을 따라 살아간다. 각자가 서로 다른 삶의 속도와 방향을 가지고 있음에도 때로는 서로 겹치며 함께 걷는 시간이 있다. 하지만 결국에는 그 궤적이 갈라지며, 우리는 다시 홀로 서야 하는 순간이 찾아온다. 그러한 순간은 아쉽기도 하지만, 본질적으로는 우리에게 자신을 성찰할 기회를 준다.

삶은 끊임없이 변화하고 우리 역시 그러하다. 오래전에 가까웠던 사람들과 멀어지는 것도 어쩌면 자연스러운 일이다. 모든 관계가 영원할 수는 없고, 그 속에서 우리가 배울 수 있는 것들을 흡수하는 과정이 삶의 일부이다.

어떤 인연은 짧게 머물다 지나가고, 또 어떤 인연은 예상치 않게 긴 여정을 함께하기도 한다. 하지만 관계가 어떻게 변하든, 우리는 그 과정에서 성숙해지고 새로운 가치를 깨닫는다.

이 과정에서 무엇보다 중요한 것은, 내 마음속에서 생기는 미움이나 서운함 같은 감정을 어떻게 다스리느냐이다. 그 감정들이 너무 커지면 나 스스로를 무겁게 만들고, 상대를 바라보는 시선조차 흐려지게 한다.

불필요한 감정은 마치 발목을 잡는 족쇄처럼 우리를 얽매지만, 그 족쇄에서 벗어나 자유롭게 나아가는 방법은 그 감정을 스스로 인정하고 이해하는 것이다. 내가 그 감정을 느끼게 된 이유와 그 감정을 통해 무엇을 배울 수 있을지 생각해보는 것이 중요하다.

고대의 사상가들이 강조했던 삶의 지혜는 결국 자기 자신에 대한 이해와 타인에 대한 존중에서 비롯된다. 그들은 우리의 삶이 단순히 자신만의 이익을 좇아가는 과정이 아니라 타인과 더불어 살아가며 그 속에서 진정한 자신을 발견하는 여정임을 강조했다. 타인의 행동이 때로는 나를 실망하게 하더라도, 그 실망감을 통해 나 자신의 내면을 더 깊이 들여다보고, 나의 기준을 재정립할 수 있는 기회가 된다.

삶을 살아가다 보면, 우리의 마음을 온전히 공유할 수 있는 사람을 찾는 것은 여전히 쉽지 않다. 그러나 이러한 어려움 속에서도 자신과의 관계를 더욱 깊이 있게 가꾸고, 스스로가 자신에게 좋은 친구가 될 수 있는 방법을 찾는 것이 중요하다.

그 과정에서 우리는 더 이상 타인의 평가나 시선에 의존하지 않고, 오롯이 자신을 위한 삶을 살아갈 수 있게 된다. 자신의 존재를 인정하고, 스스로가 소중하다는 것을 자각할 때 비로소 그 내면의 충만함이 타인과의 관계에서도 자연스럽게 드러난다.

그리고 삶의 마지막 순간이 가까워질수록, 우리는 우리 자신과의 관계에서 얼마나 진실했는지를 되돌아보게 될 것이다. 내가 얼마나 성공했는가, 얼마나 많은 재산을 모았는가가 아니라, 나 스스로를 얼마나 사랑했고 내 주변의 사람들에게 얼마나 진실한 마음을 나누었는지가 남는다.

이러한 삶의 철학을 되새기며 하루하루를 살아간다면, 타인의 미움과 오해를 넘어서 진정으로 나다운 삶을 살 수 있을 것이다.

마지막으로, 나는 나의 내면의 평화가 외부 환경에 의해 흔들리지 않기를 바란다. 이는 나의 내면을 더욱 견고하게 만들며, 삶의 작고 소중한 순간들을 더 진정으로 느끼게 해줄 것이다. 삶은 언제나 예측할 수 없는 방향으로 흘러가지만, 우리는 언제든지 우리의 삶을 스스로 다스릴 수 있다.

이렇게 단단한 마음으로 자신의 길을 걸어가다 보면, 그것이 곧 나의 인생을 빛내는 길이자 진정한 자유의 길이 될 것이다.

08
삶의 항해:
돛을 조정하는 여정

/

"인간은 바람을 통제할 수 없지만 돛은 조정할 수 있다."

이 문장은 인생의 본질을 깊이 꿰뚫고 있다. 삶에서 우리가 만나는 모든 일은 크게 두 가지로 나눌 수 있다. 통제할 수 있는 것과 통제할 수 없는 것. 하지만 이 둘을 구별하지 못하고 삶의 바람에 휘둘리다 보면, 우리는 쉽게 고통에 빠지고 절망한다.

지나간 일에 집착하거나 돌이킬 수 없는 과거의 결정에 얽매여 사는 사람들이 많다. 어쩌면 우리는 모두 이런 경험을 해본 적이 있을 것이다. 잃어버린 것을 되찾으려는 마음, 이미 떠나간 사람을 그리워하며 한없이 후회하는 마음, 피할 수 없었던 사고에 자신을 책망하는 마음은 결국 우리에게 더 큰 상처를 남긴다. 그것은 우리 스스로가 조정할 수 없는 것들을 어떻게든 손에 쥐려 하기 때문이다.

하지만 고통 속에서 조금만 멈추어 생각해 보면, 신은 우리가 바람을 멈출 능력을 가지길 원하지 않았음을 알게 된다. 우리는 바람을 피할 수도, 흐름을 막을 수도 없다. 세상에서 일어나는 모든 일을 우리 손으로 막는 것은 불가능하다.

바람처럼 예고 없이 다가오는 인생의 어려움과 역경은 그 누구도 피할 수 없고, 그것들을 마주하며 어떻게든 살아가는 것이 우리에게 주어진 과제다. 태풍처럼 몰아치는 시련 속에서 우리는 온몸을 떨며 견뎌야 하지만, 그 안에서도 살아남고자 하는 본능이 솟아오른다.

그러나 신이 우리에게 주신 또 다른 선물이 있다. 그것은 우리가 어쩌지 못하는 바람을 그대로 받아들이고, 그 바람을 이용해 나아갈 수 있는 돛이다. 돛은 우리가 선택할 수 있는 방향과 태도를 상징한다. 돛을 조정할 줄 아는 사람은 비바람 속에서도 나아갈 수 있다. 돛이야말로 인간에게 주어진 가장 큰 축복이자, 인생의 바다에서 항해할 수 있는 중요한 도구이다.

이러한 돛을 제대로 다루는 법을 아는 사람은 고난의 바람에 겁먹지 않는다. 그들은 바람을 억지로 거스르기보다, 그 바람의 흐름을 이해하고 어떻게든 그 안에서 나아갈 길을 찾는다. 반대로 통제할 수 없는 것에 얽매이고 그것을 조종하려 하면 할수록, 우리는 더 깊은 고통에 빠지게 된다. 한 번 지나가 버린 일은 돌이킬 수 없고, 과거에 대한 후회는 다시 원점으로 되돌아가지 못할 뿐만 아니라 우리의 현재를 파괴한다.

　그렇기에 지혜로운 사람은 불가항력적인 상황에 집착하지 않고 그것을 흘려보내며 자신이 바꿀 수 있는 것에만 집중한다. 우리가 가진 돛을 잘 활용할 수 있는가 여부가 바로 인생의 전환점을 만들어낸다. 더 이상 바람에 맞서 싸우려 하지 않고, 돛을 조정하며 자신의 힘으로 항로를 설정해 나가는 순간, 우리는 비로소 자유로워진다.

　삶에서 때때로 최악의 순간이 닥쳐올 때, 우리는 차악을 선택하는 법을 배워야 한다. 완벽하지 않더라도 더 나쁜 상황을 피할 수 있는 선택을 한다면, 그만큼 우리는 더 나아지고 있는 것이다. 인생은 언제나 완벽한 해결책을 내어주지 않으며, 때로는 타협이 불가피한 상황들이 찾아온다.

　그러나 그런 순간들 속에서 차선책을 선택하고, 그 안에서 최선을 다해 노력하는 과정을 통해 우리는 조금씩 더 나은 방향으로 나아갈 수 있다. 결국, 인생의 태풍 속에서 최선을 다해 돛을 조정해나가다 보면, 언젠가는 평온한 바다를 마주하게 될 것이다. 그때 우리는 비로소 자신이 걸어온 길을 되돌아보며 자부심과 평화를 느낄 것이다.

신은 우리가 인생의 바람 속에서 견디고, 고통 속에서 성장하기를 바라신다. 인생의 폭풍이 지나가고 고요한 평화가 찾아올 때, 그동안 우리의 눈 앞에 펼쳐지지 않았던 아름다운 하늘을 볼 수 있는 날이 올 것이다.

어쩌면 그 하늘은 우리가 모든 시련을 견디며 돛을 조정해온 여정의 끝에 주어지는 선물일지도 모른다. 그토록 많은 어려움을 이겨내며 얻은 강인함과 지혜는 우리의 삶을 더욱 빛나게 만들어줄 것이다.

고난을 통해 우리는 더 단단해지고, 더 많은 것을 바라볼 수 있는 시야를 가지게 된다. 그러므로 인생의 폭풍 속에서 돛을 조정하는 것은 우리가 가진 가장 소중한 능력이며, 삶을 더욱 의미 있게 만드는 힘이다.

삶은 늘 예측할 수 없는 방향으로 흐르고, 우리가 통제할 수 있는 일은 극히 제한적이다. 그렇기에 바람을 제어하려 애쓰기보다는, 바람이 불어오는 방향에 맞춰 돛을 잘 다루는 법을 배우는 것이 필요하다.

내가 통제할 수 없는 것을 놓아버리고, 그 대신 내가 할 수 있는 선택들에 집중하는 것이야말로 진정한 지혜의 시작이다. 그 순간 우리는 인생의 불안정함과 예측할 수 없는 상황 속에서도 흔들림 없이 나아갈 수 있는 힘을 얻는다.

삶의 본질을 받아들이고, 변화무쌍한 환경 속에서 돛을 다루는 기술을 익히는 것은 인간에게 주어진 최고의 능력이자 지혜이다.

우리 인생에서 종종 불가피하게 닥쳐오는 최악의 상황에 대해 우리는 차악을 선택하며, 그 상황 속에서도 최선을 다하는 법을 익힌다. 완벽한 해결책이 없는 순간들 속에서도 한 발 한 발 나아가다 보면, 점점 더 넓고 평화로운 바다에 가까워진다.

우리는 때로 실패할 수 있고, 선택에 대해 후회할 수도 있다. 하지만 그 모든 것이 우리가 더 나은 인생으로 나아가는 과정임을 깨닫게 된다. 신은 우리가 인생의 다양한 시련과 역경을 통해 성숙해지고, 나아지기를 바라신다.

마침내 폭풍이 지나가고 하늘이 열릴 때, 우리는 지금까지 겪어온 모든 고통이 헛되지 않았음을 깨닫게 될 것이다. 그 순간 우리는 우리의 여정과 그로 인해 얻은 지혜를 자랑스럽게 여길 것이다.

삶은 결국 바람을 통제하는 것이 아니라, 돛을 다루는 법을 배우는 여정이다. 인생에서 우리가 바꿀 수 없는 일들을 인정하고, 그 속에서 스스로의 힘으로 최선의 방향을 찾아가는 것이야말로 진정한 자유이다.

인간이 가진 최고의 능력은 불가항력적인 상황을 받아들이면서도 자신이 조정할 수 있는 돛을 다루는 기술을 연마하는 것이다.

우리가 바람을 다스리려 애쓰기보다 돛을 다루는 법을 배워야 하는 이유는, 진정한 자유와 평화가 그 안에 숨어 있기 때문이다. 바람을 제어하려는 시도는 한낱 헛된 욕망일 뿐이며, 그것은 결국 스스로를 소모하게 만든다.

돛을 조정하면서 바람을 수용하는 자세는 삶을 겸허히 받아들이는 태도로 이어지며, 이는 곧 우리가 인생을 더욱 주체적으로 살아갈 수 있게 한다. 결국, 인생은 우리에게 주어진

선택의 영역을 깨닫고, 그 안에서 최선을 다해 항해하는 과정
이다.

우리가 바꿀 수 없는 것과 바꿀 수 있는 것을 구별할 수 있
는 지혜는 삶을 단단하게 지탱하는 중요한 기둥이다. 지나온
과거에 얽매이거나, 오지 않은 미래에 대한 불안에 빠지지 않
으려면 현재를 살아가는 지혜가 필요하다. 순간마다 바람이
어디로 불어오는지 주시하고, 그 방향에 따라 돛을 조정하는
법을 배울 때, 우리는 고난 속에서도 중심을 잃지 않고 앞으로
나아갈 수 있다.

삶의 폭풍이 몰아칠 때 우리는 두 가지 선택에 직면한다. 고
통과 두려움에 맞서 싸우거나, 아니면 그 고통을 있는 그대로
받아들이며 그 속에서 배울 수 있는 지혜를 찾는 것이다.

이때 우리가 깨닫게 되는 중요한 진리는, 고난이 반드시 우
리를 쓰러뜨리는 것이 아니라는 사실이다. 오히려 고난은 우
리가 스스로의 힘을 발견하고, 더 나은 방향으로 돛을 조정할
기회를 준다. 이런 순간이야말로 우리가 인생에서 진정한 의
미를 찾는 과정이다.

우리가 돛을 다루는 기술을 익히며 삶의 여정을 지속할 때,

비록 예상치 못한 폭풍이 앞길을 가로막더라도 그 속에서 길을 찾아 나아가는 용기를 얻게 된다.

마치 어둠 속에서 길을 찾는 나침반처럼, 돛을 조정하는 기술은 우리로 하여금 방향을 잃지 않게 도와준다. 폭풍을 피해 안전한 항구로 나아갈 수도 있고, 때로는 그 폭풍 속에서 강해지는 법을 배울 수도 있다.

또한 우리는 바람의 흐름을 따라가며 가야 할 방향을 조율하는 지혜를 얻는다. 이것이야말로 진정한 의미의 자아 발견이며, 우리는 점차 스스로에게 솔직해지고, 내면의 평화와 고요를 찾게 된다.

이 과정에서 자신이 통제할 수 있는 것들에 집중하고, 그 외의 것들은 흘려보내는 법을 익히게 된다. 그렇게 하나씩 쌓인 경험과 성찰은 우리를 더 단단하게 만든다.

이제 우리는 과거의 실수를 후회하기보다는, 그 실수를 통해 얻은 교훈을 돛에 실어 항해를 계속할 수 있다. 이렇듯 돛을 다루는 법을 배워가는 과정에서 우리는 스스로에 대한 믿음과 내면의 힘을 발견하게 된다. 인생의 모든 순간을 완벽하게 제어할 수 없다는 사실을 받아들임으로써 우리는 비로소 스스로를 완전하게 경험할 수 있는 것이다.

신이 우리에게 준 돛은 단순히 고난을 피하는 도구가 아니다. 그것은 고난을 이해하고, 그 속에서 스스로를 단련할 수 있게 하는 도구이다. 돛을 조정하면서 우리는 삶에서 만나는 무수한 도전 앞에서 나약해지지 않고, 오히려 강해진다.

　바람을 맞이할 때마다 조금씩 성장해가는 자신을 발견하게 되는 것이다. 이처럼 돛을 조정하는 일은 단순한 생존의 기술을 넘어서, 우리를 더 깊은 자아로 인도하는 여정이 된다.

　결국, 인생은 바람에 휘둘리는 것이 아니라, 바람을 활용하며 나아가는 것이다. 나의 길은 내가 만든다는 신념이 돛을 통해 우리에게 스며든다.

　우리는 스스로 선택한 방향으로 나아가고, 그 길 위에서 경험하는 모든 것이 곧 우리를 완성해가는 과정임을 깨닫는다. 인생의 바다를 항해하는 동안 우리는 수많은 시련을 만날 것이지만, 그 시련은 우리를 멈추게 하는 장애물이 아니라 우리를 성장하게 하는 원동력이다.

　삶의 모든 과정에서 신은 우리가 바람을 통해 성숙해지길 바란다. 세상의 불확실성을 그대로 받아들이고, 그 안에서 나만의 길을 개척하는 일은 어려울 수 있지만, 그 길 끝에는 우리가 상상하지 못했던 아름다움이 기다리고 있다.

인생의 폭풍이 지나가고 난 후, 맑게 갠 하늘과 그 아래 펼쳐진 끝없는 바다를 바라보며 우리는 비로소 평화와 고요를 누리게 될 것이다.

이 모든 과정을 통해 우리가 얻는 것은 단순한 지혜가 아니다. 그것은 인생 그 자체에 대한 깊은 깨달음이다. 바람이 불어올 때 돛을 다루는 법을 아는 사람은 더 이상 고통에 휘둘리지 않고, 오히려 그 고통 속에서 자기 자신을 찾아간다. 이제 우리는 인생이 우리에게 던지는 모든 바람을 두려워하기보다, 그 바람을 통해 더욱 단단하고 빛나는 존재로 나아갈 수 있는 힘을 가질 수 있다.

마침내 폭풍이 지나가고 맑은 하늘 아래 서게 되었을 때, 우리는 더 이상 삶의 바람에 흔들리지 않는 강한 자신을 발견하게 될 것이다. 그때 우리는 지금껏 겪어온 모든 고난과 시련이 단지 아픈 기억이 아닌, 우리를 더 높이 끌어올리는 밑거름이 었음을 깨닫게 될 것이다.

09
쉼의 미학:
분주한 세상에서의 평온

/

바다 깊은 곳, 그곳은 무겁고 깊은 푸른색의 정적이 깔려 있다. 이곳에서 포유류인 고래들이 유영하며 살아간다. 고래들은 눈에 보이지 않는 지하세계의 질서를 따라 수천 미터의 바닷속을 자유롭게 누빈다.

그중에서도 향유고래와 흰수염고래 같은 대형 고래들은 바다의 제왕이라 할 만큼 거대한 몸집을 자랑하지만, 이러한 위용에도 불구하고 그들은 종종 범고래들의 표적이 된다.

특히 고래의 새끼들은 범고래 무리의 치밀하고 잔혹한 사냥법에 속수무책으로 당할 때가 많다. 범고래들은 자신들보다

훨씬 큰 고래를 상대하기 위해 무리를 이루어 다니며, 놀라울 정도로 조직적이고 빠른 움직임으로 사냥감을 포위한다. 이들은 새끼 고래가 숨을 쉬기 위해 수면으로 올라오는 순간을 기다렸다가 치명적인 공격을 가한다.

그들은 수면으로 향하는 새끼 고래의 유영을 방해하고 공포에 몰아넣어 숨을 쉬지 못하게 한 다음 결국 질식하여 죽게 한다. 자연의 생태계는 잔혹하지만, 이러한 생존 싸움은 그들에겐 하나의 삶의 방식이다.

이 장면은 인간 사회에서도 볼 수 있는 비극적 현상을 떠올리게 한다. 우리가 살아가는 사회는 자본주의라는 거대한 바다와도 같다. 이 바닷속에서 우리는 돈이라는 거대한 파도를 타며 나아가고, 성공을 위해 분투하며 살아간다. 마치 숨을 쉬기 위해 반드시 수면 위로 올라와야 하는 고래들처럼, 우리는 매일 숨 가쁜 경쟁 속에서 쉼을 찾아 헤맨다.

그러나 쉼을 찾기란 쉽지 않다. 숨을 쉬어야 한다고 알고 있지만, 그 순간마저 허락되지 않을 때가 많다. 사회의 압박과 속도는 우리에게 숨 쉴 틈을 주지 않으며, 끝없는 경쟁 속에서 정신적인 질식 상태에 빠질 위험이 크다.

매일같이 바쁜 일정을 소화하며 경제적 부담과 개인적인 문제들에 시달리는 사람들은 종종 불안과 스트레스를 겪는다. 점차 정신적 고통이 심화되면, 우울증이나 공황장애와 같은 심리적 어려움을 겪게 되기도 한다. 마치 새끼 고래가 질식하듯, 우리도 삶의 무게에 짓눌려 마음의 평화를 잃어버리고 만다.

　이렇듯 자본주의 바닷속에서 고래처럼 숨을 쉬지 못하는 현대인들에게 가장 중요한 것은 바로 '쉼'이다. 인간에게도 숨을 쉴 수 있는 시간이 절대적으로 필요하다. 바쁘고 고된 삶을 사는 중에도 잠시 멈추고, 자신을 돌아보며 재충전할 수 있는 시간을 갖는 것은 필수적이다.

　그러나 이 쉼의 방법은 각기 다를 수 있다. 어떤 사람은 산책을 하거나 자연을 바라보며 쉼을 얻기도 하고, 어떤 사람은 명상이나 요가를 통해 마음을 가다듬기도 한다. 내게 있어 쉼의 방법은 바로 '웃음'이다. 웃을 때만큼은 무거운 짐이 가벼워지며, 삶이 한층 더 밝아진다.

　웃음은 복잡한 사고나 고민이 자리를 비우게 하는 강력한 힘을 가지고 있다. 웃는 순간만큼은 그 어떤 걱정이나 근심도 우리 마음속에 머물 수 없다. 진심으로 웃을 때는 오직 그 순간의 즐거움만이 자리 잡는다.

따라서 아무 생각 없이 웃어보는 것은 정신적 부담을 덜어내는 데 있어 효과적인 방법이다. 모든 문제와 걱정이 사라지지는 않겠지만, 잠시라도 마음의 평화를 찾고 머리를 비우는 경험은 삶에 큰 활력이 된다.

하지만 인간의 사고방식은 종종 이러한 평화를 방해한다. 우리는 생각으로 생각을 이겨보려 하지만, 생각은 또 다른 생각으로 해결되지 않는다. 아무리 근심하고 고민해도, 고민만으로 문제가 해결되지 않는다는 것은 누구나 알고 있다. 만약 걱정만으로 모든 일이 해결된다면, 아마 우리는 걱정할 필요가 없을 것이다.

세상은 이미 그 자체로 순환하며 원칙대로 돌아가고 있다. 해가 뜨고 지는 것처럼 자연은 규칙적이고 반복적인 흐름 속에서 스스로를 유지한다.

문제는 인간이 항상 걱정과 염려를 떠안고 산다는 것이다. 우리는 몸이 여기 있는데도, 마음은 늘 과거나 미래에 머물러 있다. 그러나 진정한 평화는 몸과 마음이 일치할 때 찾아온다. 바쁘게 움직이는 가운데도, 현재에 머무는 순간을 경험할 때 비로소 우리는 마음의 안식을 얻는다. 이러한 순간이야말로 인생의 가장 귀중한 시간이다.

몸과 마음이 일치할 때, 즉 '현재'에 온전히 존재할 때 우리는 삶의 진정한 기쁨을 느낄 수 있다. 좋은 순간은 늘 우리 마음과 몸이 일치할 때 찾아오며, 우리는 깊은숨을 들이마시고 온전히 '나' 자신으로서 존재할 수 있다.

가끔은 나 자신에게, 그리고 내 삶에 잠시라도 쉼과 웃음을 허락하는 것이 중요하다. 우리는 그저 생존을 위해 살아가는 것이 아니라, 자신의 내면을 돌아보며 행복과 안정을 찾는 것을 목표로 해야 한다. 일상 속에서 너무 많은 걱정과 부담에 짓눌려 살아가고 있다면, 그 순간을 잠시 멈추고 내 삶 속에 있는 소중한 존재들과 함께 웃고 행복을 나누어야 한다.

인간은 본질적으로 불완전하며, 우리 삶의 모든 고민과 갈등은 늘 존재할 수밖에 없다. 그러나 이런 불완전함 속에서도 진정한 행복과 평화는 가능하다. 우리의 내면에 자리 잡고 있는 걱정과 불안을 외면하기보다는, 있는 그대로 받아들이고 잠시라도 그 순간을 즐기는 것이 중요하다.

인생은 늘 우리에게 도전과 시련을 안겨주지만, 이 모든 것이 우리를 성장하게 하는 과정임을 잊지 말아야 한다. 우리가 자주 하는 걱정 대부분은 사실 큰 의미가 없는 경우가 많다. 세상은 우리가 어떻게 반응하든지, 저마다의 방식으로 돌아가고 있으며, 해가 뜨고 지는 것처럼, 매일의 삶은 순환하고 반복된다.

우리의 몸과 마음이 함께 현재에 머물 때, 우리는 고요함 속에서 삶의 소중함을 느끼고 감사함을 깨달을 수 있다. 이러한 평화는 외부에서 오는 것이 아니라, 우리 자신의 내면에서 시작된다. 따라서 우리는 삶 속에서 가끔은 숨을 쉬어야 하며, 깊이 숨을 들이마시고 내면의 목소리에 귀 기울여야 한다.

그 순간이 우리가 다시 앞으로 나아갈 힘을 얻는 중요한 시간이다. 결코 잊지 말아야 할 것은, 우리는 이 세상에서 살아가는 존재로서 고통과 행복을 모두 경험하며, 그 속에서 스스로의 삶을 만들어가고 있다는 것이다.

삶은 거대한 바다와 같고, 우리 모두는 그 안에서 자신만의 돛을 펼치며 나아가고 있다. 이러한 여정 속에서 가끔은 잠시 멈추고 웃음을 통해 내면의 쉼을 찾을 필요가 있다. 이는 일시적인 도피가 아니라, 다시금 앞으로 나아가기 위한 준비의 시간이다.

웃음을 통해 잠시라도 마음의 부담을 내려놓고, 그 속에서 다시 힘을 얻어 앞으로 나아가는 여정이 인생이라는 거대한 항해의 일부다.

웃음을 통해 잠시 마음의 짐을 내려놓고 다시금 힘을 얻는 이 시간이야말로, 우리 인생에 꼭 필요한 재충전의 과정이다. 바다의 파도가 그러하듯, 우리의 삶도 오르내림을 반복하며 그 속에서 끝없이 변해간다.

어떤 날은 맑고 잔잔한 바다 같지만, 또 다른 날은 폭풍우가 몰아쳐 우리의 방향을 잃게 하기도 한다. 이때 필요한 것은 단순히 앞으로 나아가기만 하는 것이 아니라, 멈춰 서서 현재의 순간을 느끼며 자신의 내면을 들여다보는 여유이다.

삶의 여정에서 이러한 '멈춤'은 단순한 쉼이 아니다. 그것은 우리가 자신을 돌아보고 나아가야 할 방향을 다시금 점검하는 시간이며, 잃어버린 목표와 꿈을 다시 찾아가는 소중한 기회이다.

많은 사람들은 이 멈춤을 두려워한다. 마치 멈추는 순간 자신이 실패한 것 같고, 멀어져 버린 듯한 불안감을 느끼기 때문이다. 그러나 어쩌면 진정한 강함이란, 끝없이 앞으로 나아가는 것이 아니라 멈춰 서서 자신의 내면을 돌보며 힘을 비축할 줄 아는 데서 비롯될지도 모른다.

때로는 혼자만의 고요한 시간을 갖고, 마음 깊은 곳에 쌓인 무거운 짐들을 가볍게 내려놓는 순간이 필요하다.

고래가 광활한 바다에서 자유롭게 유영하며 방향을 찾아가 듯, 우리도 무거운 책임과 압박을 잠시 내려두고 자신만의 길을 찾아가는 여유를 가질 필요가 있다. 웃음이야말로 그 여유를 만드는 가장 좋은 방법 중 하나이다.

짧은 순간이라도 진심으로 웃을 수 있다면, 잠시 동안이라도 모든 걱정과 근심에서 벗어나 지금 이 순간의 소중함을 느낄 수 있다. 진정한 쉼과 웃음 속에서 우리는 비로소 '나'라는 존재를 다시금 느끼고, 더 깊은 내면의 평화를 찾게 된다.

이러한 내면의 평화가 있는 사람은 매일의 일상 속에서도 작은 기쁨을 찾고, 그것을 감사하는 마음으로 누릴 줄 안다. 진정한 행복은 외부에서 오는 것이 아니다. 그것은 우리가 삶을 대하는 태도와 내면의 안정에서 비롯된다.

다시 바다로 나아가는 고래처럼, 우리는 삶의 폭풍을 마주하더라도 흔들리지 않는 힘을 가지게 된다. 그리고 이 힘은 우리가 미소를 지으며, 재출발할 수 있는 원동력이 된다.

결국, 인생이라는 긴 여정에서 우리는 완벽하지 않기에 더 아름답다. 불완전한 모습 그대로 삶을 사랑하고, 성장해 나가며, 서로의 곁에서 기쁨을 나눌 수 있는 우리가 되길 바란다.

오늘 하루가 조금 버거웠더라도 잠시 웃고, 다시 힘을 얻어 앞으로 나아가자. 웃음과 쉼은 단순한 도피가 아니다. 그것은 우리가 진정으로 살아가기 위해, 또 앞으로 나아가기 위해 반드시 필요한 잠깐의 멈춤이다.

그리고 이 멈춤이 쌓여 나갈 때, 우리는 비로소 더 넓고 아름다운 바다를 마주할 준비가 되어 있을 것이다. 이 거대한 항해 속에서, 나를 지키며 앞으로 나아가는 것은 결코 쉬운 일이 아니지만, 그렇기에 우리는 더욱 단단해질 것이다.

삶은 끊임없이 우리에게 도전을 던지지만, 그 도전 속에서 우리는 성장하고, 마침내 자신만의 길을 걸어가게 된다.

삶의 소중한 순간들을 놓치지 않고, 매일의 작은 기쁨에 감사할 수 있는 여유와 용기를 가지자. 그리고 그 속에서 다시금 웃음 짓는 시간을 통해 우리의 내면을 평화로 채우고, 이 바다 같은 삶을 힘차게 나아가자.

우리의 항해는 결코 혼자가 아닌, 서로를 격려하며 함께 나아가는 소중한 여정임을 잊지 말자.

10
앞으로 달리기:
발전을 향한 갈망

/

자존감은 우리가 마음먹는다고 해서 갑자기 솟아오르는 것이 아니다. 자존감은 열매처럼 우리 안에서 자라나야 하며, 그성장을 돕는 요소가 바로 성취다.

성취는 우리에게 자신감을 주고, 그 자신감이 차곡차곡 쌓여 자존감으로 내재된다. 자존감이 단단해지면 우리는 더 쉽게 도전에 맞설 수 있고, 자신을 지탱하는 든든한 기둥을 얻게 된다.

그러나 이 성취로 가는 여정은 쉽지 않다. 성취에는 필수적으로 자기 자신을 깊이 이해하고, 몸과 마음이 하나가 되어야 한다. 이때 중요한 역할을 하는 것이 바로 '내수용 감각'이다.

내수용 감각이란, 우리 몸 내부에서 발생하는 미세한 신호들을 인지하고 해석하는 능력이다. 이는 우리가 스트레스, 피로, 긴장 같은 감각을 빨리 감지하고 필요한 조치를 취할 수 있게 돕는다.

예를 들어, 피곤함을 느끼거나 집중력이 떨어질 때, 내수용 감각이 발달한 사람은 그 신호를 금방 인지하여 적절한 휴식을 취한다. 반면, 그렇지 않은 사람은 이를 무시하고 계속 일하거나 활동을 강행하다가 건강을 해칠 수 있다.

우리의 몸은 끊임없이 신호를 보내지만, 그 신호를 무시하거나 놓치는 경우가 많다. 이는 종종 피로와 스트레스가 누적되어 갑작스럽게 병을 유발하기도 한다.

유럽에서 진행된 두 가지 연구는 내수용 감각이 중요한 이유를 다시금 일깨워주었다. 감정을 정확히 인지하고 그 감정의 원인과 의미를 이해하는 사람들은 극도로 스트레스가 많은 상황에서도 자신의 능력을 잘 발휘한다는 결과가 나왔다.

이는 단순한 정신적인 강인함이 아니라, 몸이 보내는 신호를 민감하게 받아들이는 능력에서 비롯된다. 예컨대, 심장이 빠르게 뛴다거나 손에 땀이 나는 등의 신호는 대개 긴장이나 불안 상태를 알려준다. 이러한 신호를 이해하고 그에 맞게 대응할 수 있다면, 우리는 자신을 더 잘 다스릴 수 있다.

그렇다면 내수용 감각이 약한 사람들은 어떨까? 이들은 자신의 몸이 보내는 신호를 잘 인지하지 못하기 때문에, 자신이 얼마나 피곤한지, 혹은 정신적으로 얼마나 압박을 받고 있는지 모른 채 과도하게 자신을 몰아붙이는 경우가 많다.

제대로 쉬지 않고, 무리하게 일하고, 또 과신하여 끝없이 달리다 보면, 결국에는 몸과 마음이 지쳐버린다. 이는 때로 공황장애나 만성 스트레스, 불안장애 등으로 이어지기도 한다. 우리의 몸은 끊임없이 신호를 보내며 도움을 청하지만, 그 신호를 이해하지 못하고 지나치다 보면 나중에는 심각한 문제로 발전할 가능성이 크다.

내수용 감각이 뛰어난 사람들은 평소에 자신의 몸 상태를 정확하게 파악하고 필요할 때 쉬어가며, 건강을 유지한다. 내수용 감각은 의사조차도 대신할 수 없는 영역이다. 자신의 몸이 보내는 신호를 가장 잘 아는 사람은 자기 자신이기 때문이다.

하지만 이 감각은 타고나는 것이 아니다. 오히려 꾸준한 훈련을 통해 강화할 수 있다. 내수용 감각을 키우기 위해선 자신의 몸 상태에 대한 정기적인 체크와 의식적인 관찰이 필요하다.

내수용 감각의 가장 기초적인 예는 심장 박동을 느끼는 것이다. 아무것도 하지 않고 조용히 눈을 감고 심장 박동에 집중해 보라. 우리는 이 박동을 통해서도 내 몸 상태를 이해할 수 있다. 심장이 뛰는 속도가 평소보다 빠르다면, 긴장 상태일 수도 있고, 필요 이상의 카페인을 섭취했을 가능성도 있다.

이러한 미세한 신호를 인식하고 관리하는 것이 내수용 감각을 기르는 시작이다. 만약 이 감각이 제대로 작동하지 않으면, 우리는 몸 상태를 잘못 이해할 가능성이 크다. 이를 통해 쉽게 피할 수 있는 문제조차 해결하지 못하게 되는 경우가 많다.

삶의 중요한 의사결정을 할 때도 내수용 감각은 큰 도움이 된다. 미래에 나를 위한 좋은 결정을 내리는 것은 내 몸과 마음이 일치된 상태에서 이루어지는 경우가 많다.

예를 들어, 우리는 흔히 장기적인 목표보다 단기적인 목표를 더 쉽게 선택한다. 왜냐하면 장기적인 목표를 위해서는 많은 에너지와 결심이 필요하기 때문이다. 하지만 내수용 감각이 뛰어난 사람은 자신이 현재 어떤 상태에 있는지를 잘 파악하고, 미래의 나를 위한 선택을 더 쉽게 실천할 수 있다.

나의 경우에는 달리기를 통해 내수용 감각을 훈련했다. 달리기를 시작했을 때는 오직 정신력으로만 버티며, 피곤해도 무리하게 강행했다. 그러나 달리기를 하면서 점차 몸이 보내는 신호에 귀 기울이기 시작했다. 단순히 아픈 것을 참는 것이 아니라, 언제 내 몸이 피로해지고 긴장 상태인지 인식하며 달렸다.

특히, 비강 호흡이 중요한 것을 배웠다. 코로 숨을 쉬면서 달리면 입을 벌리고 뛰는 것보다 장기적으로 훨씬 몸에 좋다. 이 작은 호흡 방식의 변화만으로도 달리기 효율이 크게 달라진다.

달리기는 내수용 감각을 키우는 데 이상적인 운동이었다. 달리기를 하며 느낀 또 하나의 깨달음은 통제감의 중요성이다. 우리는 삶 속에서 날씨, 환경 같은 변수를 제어할 수 없다. 그러나 비가 오는 날에도 나는 걸을 수 있고, 추운 날에도 나는 달릴 수 있다.

이런 작은 통제감은 나의 자존감을 키우는 데 중요한 역할을 했다. 우리가 선택할 수 있는 것들이 많아질수록, 우리 안의 자존감은 커진다. 달리기를 하며 느끼는 작은 성취감들이 쌓여 가는 것이 자존감 형성에 큰 도움이 되었다.

내수용 감각은 이런 작은 성취를 통해 자존감을 높여주는 원천이 된다. 나는 내 몸이 보내는 신호를 캐치하고, 그것에 맞추어 운동을 지속했다. 계단 오르기 같은 유산소 운동을 통해 근육을 강화하고, 호흡을 조절하면서 내 몸의 상태를 이해하게 되었다.

나는 이렇게 몸이 허락하는 한, 꾸준히 나 자신을 가꾸었다. 이를 통해 나는 내가 가진 신체 능력을 최대한으로 끌어올릴 수 있었다.

이제 나는 내 몸이 보내는 신호를 놓치지 않는다. 아프기 전에 이미 내 몸의 상태를 파악하고, 이를 통해 내 생활 습관을 조정한다. 달리기를 하며 느낀 성취감과 자신감은 내 삶을 완전히 변화시켰다.

몸과 마음이 조화를 이루는 순간, 나는 나 자신과 더 깊이 연결되었고, 그 덕분에 내수용 감각이 더욱 발전했다. 그 결과로 나는 주변 사람들에게도 긍정적인 영향을 미치며 삶의 방향을 잃지 않았다.

달리기를 통해 얻은 이 깨달음은 단순한 운동 이상의 의미를 가졌다. 이는 자존감을 키우고, 몸과 마음을 일치시키며, 나의 삶을 더욱 풍요롭게 만드는 과정이었다.

내수용 감각과 자존감이 결합된 이러한 깨달음은 나만의 성장 방식을 만들어냈다. 자존감은 단순히 자신을 높이 평가하는 것이 아니라, 나 자신을 이해하고 수용하며, 어떤 상황에서도 흔들리지 않고 중심을 잡는 힘이 되었다.

　우리는 종종 외부의 평가나 인정에 자존감을 의존하는데, 내수용 감각이 강해지면 이러한 외부의 평가에 쉽게 흔들리지 않게 된다. 왜냐하면 내가 내 몸과 마음을 가장 잘 이해하고 있으며, 나를 평가할 수 있는 유일한 사람은 나 자신임을 깨닫기 때문이다.

　자신의 몸이 보내는 신호에 민감해지면서 생기는 긍정적인 변화는 일상 속 작은 선택에서도 드러난다. 나는 더 이상 억지로 무언가를 하지 않는다. 불필요한 경쟁이나 과도한 노력보다는, 내 몸과 마음이 허락하는 범위 안에서 내 길을 찾으며 나아가게 되었다.

　또한, 나의 선택이 나 자신을 위한 것임을 알기에 그 과정에서 오는 고통이나 불안도 기꺼이 받아들인다. 예전에는 단기적인 성과에 집착했다면, 이제는 스스로를 돌보고 장기적인 목표에 집중하는 여유를 가지게 되었다.

내수용 감각을 기르며 얻은 자존감은, 나 자신을 넘어 다른 사람과의 관계에도 큰 영향을 미쳤다. 타인의 평가에 좌우되지 않고, 있는 그대로의 나를 받아들이게 되면서 오히려 상대방도 존중하게 되었다. 상대방의 감정을 더 깊이 이해하고 배려할 수 있는 여유가 생기면서, 관계의 질도 훨씬 좋아졌다.

이러한 변화를 통해 깨달은 것은, 자존감은 내면의 안정감에서 비롯된다는 점이다. 내가 나 자신을 이해하고 존중할 때, 상대방에게도 진정한 존중과 배려를 건넬 수 있게 된다.

무엇보다 내수용 감각이 발달하면서 느끼는 가장 큰 변화는, 삶의 모든 순간이 조금 더 느리게, 더 소중하게 다가온다는 것이다. 일상 속에서 내 몸이 느끼는 감각을 하나하나 음미하고, 내가 하고 있는 일에 온전히 집중하게 되었다.

커피 한 잔을 마시는 순간도, 바람이 내 피부를 스치는 순간도 더욱 선명하게 느껴진다. 이렇게 매 순간을 진정으로 경험할 수 있게 되면서, 삶에 대한 감사와 만족이 자연스레 찾아왔다.

또한, 내수용 감각은 단순한 신체적 건강을 넘어 정신적인 면에서도 나를 강화해주었다. 나는 이제 불안이나 스트레스를 느낄 때, 그 감정을 피하지 않고 있는 그대로 받아들인다.

내 몸이 보내는 신호가 나를 위한 일종의 조언임을 알기에, 무리하지 않고 스스로를 돌보며 다시금 힘을 비축할 줄 알게 되었다.

이러한 과정 속에서 느끼는 작은 성취는 결국 내 자존감을 한층 더 단단하게 만들어 주었다. 내면에서 비롯된 자존감은 흔들리지 않는 평온함을 가져다주며, 삶의 방향을 잃지 않고 꾸준히 나아갈 수 있는 힘이 되어준다.

결국, 내수용 감각과 자존감은 서로 깊이 연결되어 있다. 내 몸이 보내는 신호를 이해하고 수용하면서 나를 더 잘 알게 되고, 이는 나의 자존감을 높여주는 토대가 된다. 나는 이제 내 몸이 허락하는 만큼의 성취를 이루고, 그 성취가 자존감으로 이어지는 과정을 즐긴다. 매 순간을 깊이 느끼고 나 자신을 진정으로 존중하는 일은, 삶을 더 풍요롭고 의미 있게 만들어 주었다.

삶의 여정 속에서 자존감은 단단한 나무처럼 내 안에 뿌리를 내렸고, 그 뿌리 위에서 나는 매일 조금씩 성장해간다. 더 이상 단기적인 성과에만 연연하지 않고, 나 자신을 온전히 이해하고 수용하는 방법을 터득하며, 내 삶의 방향을 향해 한

걸음씩 나아간다.

　이러한 여정 속에서 나는 나 자신에게 더 깊이 뿌리 내린 자존감과 내수용 감각을 토대로 더욱 풍요롭고 충만한 삶을 만들어가고 있다.

11
고독의 메아리:
외로움에 대한 이해

/

외로움은 누구나 한 번쯤 마주하게 되는 감정이다. 그러나 이 외로움을 단지 고통스럽게만 받아들이지 않고, 나 자신을 깊이 들여다보는 시간으로 활용할 수 있다면, 오히려 큰 성장의 계기로 삼을 수 있다.

사람들은 때로 외로움이 절망적으로 느껴질 때 누군가의 도움을 기대하지만, 의지하는 것 자체가 누군가에게 부담이 된다고 생각할 때도 있다. 그러다 보면 나 스스로가 비참하게 느껴지고, 점차 반성에서 자책, 자학으로 빠져들기 쉽다. 하지만 외로움의 시간을 성찰과 성장의 기회로 받아들인다면, 그것은 나 자신을 위한 시간이 될 수 있다.

스스로를 돌아보며 나는 처음에 이렇게 생각한다. '나는 왜 이렇게 되었을까?' 자문하며 후회와 반성을 하게 되지만, 한 걸음 더 나아가 '나를 아껴주자'라고 다짐한다. 타인에게 미안해하고 누군가의 도움을 거절하기보다는, 나 자신을 위해 내가 할 수 있는 일들을 생각해 보려 한다. 나를 소중히 여기고, 아껴주며, 좋아하는 일이 무엇인지를 찾아서 이를 꾸준히 해 보는 것이다.

나를 위해 좋아하는 일을 한다는 건 중요한 의미를 지닌다. 그것은 내가 나를 지켜주기 위해 실천할 수 있는 일종의 약속과 같다. 내가 좋아하는 일들은 여행, 독서, 운동처럼 혼자서도 충분히 즐길 수 있는 것들이다.

다행히 이 세 가지는 누군가의 도움 없이도 할 수 있는 활동들이다. 혼자서 이 활동들을 꾸준히 실천하며 얻는 만족감은 단순한 외로움에서 벗어나 나 자신을 더 잘 이해하는 기회가 된다. 외로움은 그렇게 단순한 고통이 아니라, 오히려 나를 만나고 발견하는 시간이 될 수 있다.

사람들은 대개 외로움을 느낄 때 '내가 무엇을 잘못했을까?' '왜 사람들이 나를 찾지 않는 걸까?'와 같은 자문을 하며 스스로를 자책하기도 한다. 하지만 이러한 생각들은 결국 자책과 자학으로 이어질 뿐이다.

반대로 이럴 때 오히려 외로움을 긍정적으로 받아들이고, '나는 무엇을 할 때 설레고 즐거운가?'를 고민해보는 것이 더 건설적이다. 스스로의 즐거움을 찾는 과정에서 나를 온전히 사랑하고, 더 나은 나를 만들어 갈 수 있다. 나에게 맞는 활동을 찾고 그것을 꾸준히 해 나가는 것이 진정한 자아 발견의 여정이 된다.

외로움 속에서 나 자신을 사랑하는 방법은 단순한 자책에서 벗어나는 것이다. 세상이 나를 어떻게 보는지, 남들이 나에 대해 어떤 생각을 가지고 있는지를 신경 쓰기보다는, 나 자신이 나를 어떻게 보는지를 생각해 보자.

타인이 나를 어떻게 평가하는가는 일시적인 것이지만, 나 자신을 사랑하는 마음은 언제나 나와 함께 한다. 나는 내가 좋아하는 것들, 나를 만족하게 하는 것들로 내 삶을 채우며 나 자신에게 집중하기로 한다.

물론, 나를 사랑하기 위해서는 그에 걸맞은 이유가 필요하다. 그래서 나는 나를 사랑할 수 있는 이유를 매일 쌓아가려한다. 다른 사람들의 생각이 나와 다를 수 있음을 인정하고, 그것이 나에게 영향을 주지 않도록 노력하는 것이 마음의 평안을 유지하는 방법이다.

타인의 기대에서 벗어나 내 삶을 살아가는 것은 큰 해방감을 준다. '네 마음이 내 마음 같지 않다'라는 사실을 받아들이면, 오히려 세상에 대한 불안과 압박감이 줄어든다.

"나이가 들수록 혼자 있을 준비가 필요하다"는 말은 깊은 통찰을 담고 있다. 결국 우리는 모두 언젠가는 혼자가 될 수밖에 없으며, 그 고독을 즐길 수 있는 사람이 되어야 한다.

억지로 관계를 유지하기보다는, 홀로 설 수 있는 능력을 미리 준비하는 것이 인생의 중요한 과제가 된다. 외로움에 대한 두려움을 넘어 자발적인 고독을 선택한다면, 그 시간은 자기 성찰과 내적 성장을 위한 소중한 시간이 될 수 있다.

돈에 휘둘리지 않는 삶을 사는 것도 중요한 요소다. 돈이 삶의 목적이 되어버리면, 우리는 쉽게 삶의 가치를 잃고 만다. 하고 싶은 일이나 가치 있는 일보다 단순히 돈을 따라 살다 보면, 어느 순간 공허함이 찾아오기 마련이다.

'돈만 주면 뭐든지 하겠다'는 태도는 결국 자신의 가치를 떨어뜨릴 뿐이다. 반대로, '나는 내 원칙대로만 일을 한다'는 확고한 마음가짐은 경제적 독립과 더불어 자존감을 높여준다. 이러한 태도는 우리가 행복을 찾는 핵심 요소가 된다.

외로움과 고독은 서로 다른 감정이다. 외로움은 사람들 속에서도 느낄 수 있지만, 고독은 스스로 선택한 고립에서 비롯된다. 외로움은 사람들이 나를 이해하지 못한다고 느낄 때 찾아오고, 고독은 나 자신과의 시간을 통해 나를 더 깊이 이해할 수 있는 시간이다.

고독의 시간을 통해 우리는 나를 발견하고, 내면의 단단함을 키워나갈 수 있다. 내면이 단단해지면 외부 환경에 흔들리지 않고 나 자신을 유지할 수 있는 힘이 생긴다.

또한, 사람들은 대개 사회적인 정보에 뒤처질 것을 두려워하지만, 진정한 삶의 가치는 지금 내가 할 수 있는 일을 성실히 수행하는 데 있다. 모든 정보를 알고자 할 필요는 없으며, 중요한 것은 지금 내가 할 수 있는 일에 최선을 다하는 것이다.

이렇게 현재에 집중하고 나에게 필요한 것이 무엇인지를 깨닫는다면, 앞으로의 방향을 더 명확히 설정할 수 있다.

삶의 어느 시기든 새로운 도전을 할 준비가 필요하다. 특히 50대는 새로운 삶을 시도할 수 있는 중요한 시기다. 우리는 늘 살던 대로만 살다 보면 자신도 모르게 삶의 방향성이 위축될 수 있다. 기존의 삶을 벗어나 새로운 것을 경험하는 것은 인생의 풍요로움을 더해준다.

남자는 40대에 자신이 하고 싶은 일과 할 수 있는 일이 일치하는 순간을 경험할 수 있다. 이때야말로 진정한 기회가 찾아온다. 삶에서 무언가를 이룰 때까지 꾸준히 해보고, 그것이 진정한 즐거움으로 다가오는 순간을 맞이할 수 있다.

꾸준한 노력이 성취감을 주고, 이를 통해 외로움을 즐거움으로 바꿀 수 있다. 인생에서 돈을 모으고 아끼는 과정을 즐길 수 있어야 진정으로 만족할 수 있다. 지속적인 자기 발견과 도전의 시간을 통해 삶을 점점 더 풍요롭게 만드는 것이다.

그러니 나도 이 글을 읽고 있는 당신도 언젠가 건강한 혼자 됨을 맞이하기 위해 자신을 더 알아보고, 더 들여다보고, 고독을 즐길 수 있는 사람이 되어보는 것은 어떠할까. 진정한 고독의 메아리를 홀로 오롯이 느껴보는 것이다.

혼자 됨을 두려워하지 않고 오히려 그 시간을 자신의 것으로 만들어 나가는 것은 삶의 큰 자산이 된다. 혼자서도 충분히 행복할 수 있는 능력을 갖춘 사람은 타인에게 의존하지 않고, 스스로를 지탱하는 강한 내면을 형성하게 된다. 그 내면은 마치 깊은 뿌리를 내린 나무처럼 외부의 바람에 흔들리지 않으며, 안정된 마음으로 삶을 살아가게 해준다.

혼자 있을 때 내가 무엇을 해야 할지 아는 사람은 스스로의 내면에 풍요를 채워 넣을 줄 아는 사람이다. 혼자의 시간 속에서 즐거움을 찾고, 자아를 성장시키는 과정은 남들과 비교할 필요 없이 나만의 속도로 이루어진다.

이러한 성장은 인내와 성찰을 통해 차근차근 쌓아 올린 자존감의 결과다. 혼자서도 충만한 사람은 다른 사람과 함께할 때도 그저 자신을 온전히 나누고 기쁨을 더하는 존재가 된다.

하지만 이를 위해선 자기 자신과의 소통이 중요하다. 나에게 무엇이 필요한지, 어떤 것들이 나를 성장시키는지 알아야만 나를 위한 시간을 제대로 활용할 수 있다. 혼자일 때 불안을 느낀다면, 그 이유를 찾고 해결하려는 노력이 필요하다.

이런 과정을 통해 우리는 스스로를 더 깊이 이해하게 되고, 내면이 탄탄해질수록 진정한 자유를 느끼게 된다. 고독이 고통이 아닌 여유로 다가올 때, 우리는 비로소 성숙한 혼자됨을 마주하게 된다.

고독을 견디고 즐길 줄 아는 사람은, 삶에서 진정한 자립을 이룬 사람이다. 의존하는 관계에서 벗어나 자기만의 인생을 살아갈 수 있는 힘을 가지게 된다.

그러한 힘은 우리가 관계 속에서도 주체적인 존재로 남을 수 있게 해주며, 서로에게 의존하기보다는 건강한 관계를 유지할 수 있게 돕는다. 타인과의 관계에서도 마찬가지로 나 자신을 존중하며, 상대방의 기대에 자신을 맞추기보다 나의 모습 그대로 소중히 여길 수 있게 된다.

삶은 늘 변하고, 우리는 그 속에서 어쩔 수 없이 혼자 남는 순간들을 마주하게 된다. 그런 순간들이 찾아올 때마다 그저 외로움에 무너지기보다는 스스로를 다독이며, 나 자신을 위한 시간을 소중히 여기는 태도가 필요하다.

누구에게나 오는 이 시간을 어떻게 보내느냐에 따라 우리의 삶은 크게 달라진다. 혼자 있는 시간을 단순히 견뎌내는 것이 아니라, 나를 더 깊이 이해하고 사랑하는 시간으로 만든다면 우리는 더욱 단단해질 것이다.

또한, 우리는 혼자일 때에도 삶에 대한 감사함을 느끼고 작은 행복을 찾을 줄 아는 사람이 되어야 한다. 혼자 보내는 시간이 길어질수록 소소한 일상에서 행복을 발견하고, 나를 만족시킬 수 있는 능력을 기르게 된다.

　이러한 습관은 앞으로의 삶에서 큰 자산이 되어, 어떤 상황에서도 행복을 찾아내는 힘이 되어준다. 결국 우리는 혼자임으로써 진정한 자기 자신과 만나고, 그 속에서 삶의 깊이를 경험하게 된다.

　혼자됨을 두려워하지 않고 기꺼이 그 시간을 즐길 수 있는 사람은 결국 어떤 상황에서도 자신을 지킬 수 있는 힘을 가지게 된다. 외로움은 더 이상 우리를 괴롭히는 감정이 아니라, 오히려 나를 단단하게 만들어주는 힘이 되어 우리 곁에 남아 있다.

　이러한 마음가짐으로 삶을 살아간다면 우리는 어느 곳에서나 자신을 사랑하고, 자아를 존중하는 삶을 영위하게 될 것이다.

　마지막으로, 혼자임을 받아들이는 것에는 용기가 필요하다. 세상에 혼자 선다는 것은 결코 쉬운 일이 아니지만, 그 시간 속에서 나를 성장시키고, 나를 사랑하는 법을 배우게 된다.

　이는 나를 온전히 이해하고, 세상에 흔들리지 않는 강인한 마음을 길러주는 경험이다. 혼자 있음을 두려워하지 말자. 오히려 그 시간을 통해 나 자신과 깊이 만나는 과정에서 우리는 더욱 큰 자유를 경험하게 될 것이다.

그리하여 나는 당신에게도 건네고 싶다. 혹시 외로움을 느끼는 순간이 오더라도, 그 시간을 두려워하지 말고, 차분히 나와 마주하는 시간을 가져 보라고.

언젠가 당신이 진정한 고독의 시간을 온전히 누릴 수 있을 때, 세상은 당신에게 더 큰 자립과 자유를 선물할 것이다.

12
존엄성:
타고난 가치

/

인간은 단일한 정체성으로 이루어지지 않는다. 우리 내면에는 수많은 자아가 존재하며, 그 자아들은 각기 다른 상황과 맥락에 따라 드러나고 변화한다.

이를테면 우리가 한 사람과 친밀한 관계를 맺을 때 보이는 모습은 부드럽고 상냥할 수 있지만, 경쟁적인 환경에 놓였을 때는 냉철하고 단호한 자아가 드러나기도 한다.

인간의 내면에는 여러 겹의 자아가 얽혀 있으며, 이 자아들은 마치 배우가 무대에 오를 때마다 역할을 바꾸듯이 다양한 상황에 따라 각기 다른 면모를 보여준다. 우리의 삶은 이런 다양한 자아들이 조화를 이루며 연출되는 일종의 무대라 할 수 있다.

여기서 중요한 것은 드러나는 행동이나 표정이 아닌 내면의 생각이다. 생각은 모든 것의 시작점이자 우리 내면의 자아를 표현하는 근원적 요소다. 생각은 단순한 머릿속의 상념이 아니라, 나의 말이 되고, 말은 행동으로 이어지며, 행동은 나라는 존재를 구체화해 타인에게 보여주는 방식이 된다.

결국 생각이 시작점이 되어 행동으로 이어지는 이 과정에서 우리는 나 자신을 세상에 드러낸다. 나는 생각을 통해 만들어지고, 행동을 통해 세상에 모습을 드러내는 존재인 것이다. 우리의 내면에 자리 잡은 생각이 결국 나를 형성하고, 타인에게 나를 어떤 모습으로 드러내는지 결정한다는 점에서 생각은 더없이 중요한 의미를 지닌다.

그렇다면 이 생각은 어디에서 오는가? 생각의 근원은 우리의 내면 깊숙한 곳에 자리하고 있지만, 우리가 그 밑바닥에 있는 본질을 온전히 이해하지는 못할 때가 많다. 인간은 무수히 많은 경험을 하며 살아가고, 그 경험들은 우리 안에 각기 다른 자아의 씨앗을 심는다.

이 씨앗들이 자라면서 우리는 여러 가지 생각을 하게 되며, 그 생각들 중 어떤 것들은 우리 자신에게 낯설고 두려운 모습으로 다가올 때도 있다. 이 낯선 자아는 우리가 의식적으로 인식하지 못하던 부분에서 드러나기도 한다.

우리가 그 모습을 제대로 마주하려면, 생각의 흐름을 따라가며 스스로의 내면을 깊이 들여다보아야 한다. 이는 어쩌면 어려운 여정일 수 있지만, 내면 깊숙이 숨어 있는 자아를 이해하는 것이 인간의 본질에 더 가까이 다가가는 길이기도 하다.

생각은 우리를 움직이는 강력한 힘이다. 때로 우리는 생각이 가진 힘에 휘둘리며 어두운 곳으로 끌려가기도 한다. 생각들이 꼬리에 꼬리를 물고 이어져 우리를 밑바닥으로 끌어내릴 때가 있다.

무의식적으로 따라가다 보면 어느 순간 나도 모르게 어두운 감정에 사로잡혀 고통스러운 지점에 도달하기도 한다. 이런 경험들은 우리가 생각의 힘에 대해 얼마나 경계하고 주체적으로 이끌어가야 하는지를 깨닫게 한다.

생각에 휘둘리지 않고 그 주체가 되는 것은 우리의 마음을 지키기 위한 중요한 과제다. 만약 우리가 생각의 주체가 되지 못한다면, 생각에 끌려다니며 나라는 존재는 점점 희미해지고, 결국 우리의 자아는 생각이라는 파도에 의해 흔들릴 수밖에 없게 된다.

또한, 흥미로운 점은 같은 사람이라도 자신을 바라보는 각도에 따라 다르게 보일 수 있다는 것이다. 나라는 존재를 어떻게 바라보느냐에 따라, 내 안에 드러나는 모습은 달라진다.

예를 들어, 나는 나 자신을 강한 사람이라고 생각할 수도 있지만, 한편으로는 매우 여리고 쉽게 상처받는 존재라고 생각할 수도 있다. 나 자신을 바라보는 관점에 따라 각기 다른 자아가 드러나는 것이다.

하지만 우리가 타인의 시선을 의식하게 될 때, 또 다른 종류의 자아가 드러난다. 누군가 나의 친절함만을 보고 나를 평가할 수 있고, 누군가는 나의 냉정함만을 보며 나를 판단할 수도 있다.

결국 나라는 존재는 타인이 나를 바라보는 시선에 따라 왜곡되기도 하고, 다르게 해석되기도 한다. 이는 누군가의 시선 속에 존재하는 내가 진정한 나라고 할 수 없음을 보여준다. 그 시선 속에 존재하는 나는 타인의 해석일 뿐, 나라는 존재의 전체가 아닐 수 있다.

그렇다면 우리는 나 자신을 얼마나 제대로 바라볼 수 있을까? 나는 내 생각과 행동을 완전히 이해하고 있을까? 인간이 자신을 온전히 이해하는 일은 결코 쉽지 않다. 우리는 타인의 시선을 통해 자아를 왜곡되게 보기도 하지만, 스스로도 자주 자아를 오해한다.

그 오해는 우리의 불안과 불완전함에서 기인하기도 하며, 우리 내면의 다양한 자아들이 각기 다른 목소리로 끊임없이 말을 걸기 때문에 혼란스러워지기도 한다.

인간은 자신이 누구인지를 완벽히 아는 것이 불가능할지 모른다. 하지만 그럼에도 불구하고 나를 있는 그대로 이해하고, 나의 다양한 자아를 받아들이는 것이 중요하다. 우리는 스스로에게 여러 모습을 부여하고 있으며, 그 모습들이 결국 나라는 존재를 형성한다는 사실을 잊지 말아야 한다.

나 자신을 온전히 받아들인다는 것은 내가 가진 불완전함조차도 수용하는 것이다. 우리는 때로는 완벽하지 않은 모습으로 스스로에게 실망하고, 자신의 한계를 마주하며 불안해하지만, 그 모든 것이 결국 나를 이루는 중요한 부분이다.

인간은 자신의 약점과 불완전함을 통해 성장할 수 있으며, 이를 통해 나의 자아는 더 깊고 강해진다. 자신의 다양한 모습들, 때로는 어긋나고 불완전한 모습조차도 나의 일부로 인정하는 것이 진정한 존엄성의 모습이 아닐까.

존엄성이란 완벽함에서 오는 것이 아니라, 나를 있는 그대로 받아들이고 그 안에서 스스로를 존중하는 마음에서 비롯된다.

존엄성은 우리 인간이 가진 타고난 가치다. 이는 내 내면의 모습들이 각기 다른 형태를 지니고 있을 때조차도, 나의 불완전함을 통해 진정한 자아를 마주하게 될 때조차도 사라지지 않는다. 타인의 시선에 흔들리지 않고, 나 자신을 지켜가는 것이 존엄성의 핵심이다.

존엄성은 내가 가진 다양한 자아들이 각기 다른 모습을 띠고 있어도, 나는 그 모습들을 인정하고 받아들임으로써 스스로를 지켜갈 수 있는 힘이다. 우리는 존엄성을 통해 나의 자아를 온전히 받아들이고, 각기 다른 상황 속에서 나를 자유롭게 표현하며 진정한 나로 살아갈 수 있게 된다.

결국, 인간은 수많은 자아를 품고 살아간다. 우리가 가진 다양한 자아들은 때로 서로 충돌하고 갈등을 일으키지만, 그 모두가 합쳐져 나라는 존재를 형성한다. 인간의 모습은 선과 악으로 단순히 나눌 수 있는 것이 아니다. 다양한 상황 속에서 우리의 모습은 달라지고, 그 속에서 우리는 나 자신을 새롭게 발견하게 된다. 인간은 단일한 정체성으로 존재하는 것이 아니라, 다층적인 자아를 통해 상황에 맞춰 자신을 끊임없이 연출하며 살아간다. 그 연출된 모습들 모두가 모여 한 인간을 완성시키는 것이다.

우리가 진정으로 추구해야 하는 것은 완벽한 자기 이해나 타인의 평가에서 자유로워지는 것이 아니라, 나의 모든 자아를 있는 그대로 받아들이고, 그 속에서 나를 존중하며 살아가는 것이다. 내면의 다양한 자아가 때로는 어긋나고 때로는 갈등을 일으킬지라도, 나는 그 모든 모습을 나로서 인정할 수 있어야 한다.

이것이 진정한 자아 존중이자 존엄성의 본질이다.

진정한 자아 존중은 나의 모든 모습에 가치를 부여하는 것에서 시작된다. 나는 온전하지 못할 때에도 나를 존중하고, 부족한 모습일지라도 그 순간의 나를 있는 그대로 바라볼 수 있어야 한다.

나의 다양한 자아가 모순될지라도, 각기 다른 자아의 목소

리에 귀를 기울이며 그 의미를 이해하려고 노력하는 것이야말
로 나를 향한 진정한 사랑이 된다.

우리는 자아의 연속성 속에서 살아가지만, 그 자아는 고정
된 것이 아니다. 사람들은 종종 자신을 정의하려 하고, 한 가
지 모습으로 스스로를 단정 짓고 싶어 한다.

하지만 인간은 끊임없이 변화하는 존재이며, 그 변화를 통
해 삶의 깊이를 더해간다. 이러한 변화 속에서 나 자신을 고정
된 정체성으로 규정하려는 시도는 오히려 나를 옭아매는 족
쇄가 될 수 있다. 나를 단일한 존재로 바라보는 관점에서 벗어
나야만 다양한 자아를 수용하며 성장할 수 있다.

우리가 살면서 겪는 크고 작은 경험들, 만나는 사람들, 그리
고 그 과정에서 느끼는 감정들은 모두 나의 자아를 조금씩 변
화시키고 새로운 색을 입힌다.

과거의 내가 현재의 나와 다르더라도, 그 모든 모습들이 나
를 구성하는 하나의 퍼즐 조각으로 남아있다. 나는 그 퍼즐
조각들을 모아 지금의 나를 이해하고, 때로는 과거의 실수와
아픔도 온전히 받아들이는 여정을 걷는다.

자기 존중과 존엄성의 핵심은 바로 이러한 과정에서 내가 나를 어떻게 바라보느냐에 달려 있다. 내가 나를 비난하고 부정한다면, 자아는 상처받고 점점 왜곡될 수밖에 없다. 하지만 반대로 나의 모든 모습들을 너그러이 받아들인다면, 나는 보다 건강하고 자유로운 존재로 나아갈 수 있다.

진정한 자아 존중은 자기 수용에서 비롯되며, 이는 단지 장점과 강점만을 사랑하는 것이 아니라, 약점과 실패마저도 품어주는 태도에서 나타난다.

그 과정에서 우리는 진정한 성숙을 경험하게 된다. 다양한 자아를 수용하고 그 안에서 의미를 찾으려는 노력은 우리가 타인에게도 관대하게 대할 수 있는 원동력이 된다. 나를 있는 그대로 사랑할 줄 아는 사람만이 타인의 불완전함을 이해하고 포용할 수 있기 때문이다. 내가 나를 향해 베푸는 연민과 수용은, 결국 타인에게도 자연스럽게 확장된다.

다양한 자아를 받아들이는 일은 내면의 조화를 이루기 위한 출발점이다. 내면의 자아들이 서로 조화를 이루며 나라는 존재를 더욱 풍요롭게 만들어줄 때, 우리는 비로소 타인의 시선에 얽매이지 않는 자유를 경험할 수 있다.

나는 나 자신을 이해하고 존중하기에 타인의 평가로 인해 흔들리지 않는다. 타인의 시선에 의존하지 않고 나 스스로를 지탱할 수 있을 때, 진정한 자립과 자유를 얻게 된다.

우리가 걸어가는 인생의 여정은 여러 자아를 만나는 과정이다. 각기 다른 자아가 서로 어우러지며 나라는 존재를 더욱 입체적으로 형성한다. 이러한 자아의 다양성이 나를 특별하게 만들며, 내 삶에 색채를 더한다.

우리가 그 다양성을 인정할 때 비로소 나라는 존재는 완성에 가까워진다. 인간은 하나의 정체성으로 제한될 수 없는 존재이며, 수많은 자아들이 함께 어우러지며 나를 만들어간다. 그런 의미에서 나는 나의 모든 자아를 받아들이고, 그 자아들과 함께 성장하며, 앞으로도 스스로를 지켜나갈 것이다.

끝으로, 삶은 결국 나 자신과의 관계를 쌓아가는 여정이다. 내가 내면의 다양한 자아를 어떻게 받아들이고 존중하는지에 따라, 삶의 질과 깊이는 달라진다. 나 자신을 온전히 이해하고 사랑할 수 있을 때, 우리는 비로소 진정한 행복과 평화를 누리게 된다.

다양한 자아 속에서 균형을 찾고, 그 안에서 자신을 온전히 수용하며 살아가는 것이야말로 인간이 추구해야 할 궁극적인 목표일 것이다.

그러니 앞으로도 나는 나의 자아들을 하나씩 만나고 이해하는 여정을 지속할 것이다. 때로는 이해되지 않는 자아도, 어긋난 모습의 자아도 모두 나의 일부임을 기억하며, 그 모든 자아들을 포용할 것이다.

내가 가진 불완전함과 모순을 기꺼이 품어주는 것이야말로 진정한 자아 존중이며, 그 안에서 진정한 자유와 존엄을 발견할 수 있을 것이다.

3부

성찰의 순간들

13
편안함의 경계:
안정과 성장

/

자기 자신을 잃어가는 사람들은 현대 사회에서 점점 더 흔히 볼 수 있다. 그들은 남의 말과 주변 환경의 소리에 지나치게 예민하게 반응하며, 자신의 내면에서 나오는 소리는 듣지 못하는 경향이 있다. 마치 바람에 흔들리는 나뭇가지처럼 외부의 영향에 쉽게 휘둘리며, 자신의 내면의 중심을 잃고 방황하게 된다.

이러한 사람들은 종종 사회의 압력, 타인의 기대, 그리고 끊임없는 정보의 흐름에 의해 자신의 정체성을 잃고, 그로 인해 심리적 고통을 겪게 된다. 그들은 자신의 감정과 욕구를 무시하거나, 타인의 시선에 지나치게 의존하며, 결국 자신이 누구인지 잃어버리게 된다.

이런 상황에서 자신의 삶을 구원하려는 의욕이 생길 수도 있지만, 때로는 그 의욕이 무의미하게 느껴질 수도 있다. 스스로를 구원하려고 애쓰는 것은 중요하지만, 그보다 더 중요한 것은 누군가 옆에서 묵묵히 지켜봐 주는 존재가 되어주는 것이다.

이럴 때, "아무것도 하지 않아도 괜찮아"라는 한 마디는 큰 위안이 될 수 있다. 이러한 말은 그들에게 있어 자기 자신을 잃지 않고 있다는 확신을 주고, 힘든 순간에 고요한 안식처가 되어줄 수 있다.

사랑과 지지 속에서 느끼는 안도감은 우리의 영혼을 안정시키고, 치유할 수 있는 힘을 가져다준다. 이러한 따뜻한 관계의 존재는 자신이 소중한 존재임을 인식하게 하며, 나아가 스스로를 다시 발견하는 데 큰 도움이 된다.

이러한 고요함은 마음의 쉼터가 되어준다. 인간의 영혼은 가끔 그저 가만히 있어 주는 시간을 필요로 한다. 삶이 고요하지 않다면, 우리는 불안 속에서 끊임없이 떠돌게 된다. 우리 내면의 평화는 외부의 자극에 의해 쉽게 깨질 수 있으며, 이로 인해 심리적 고통이 발생할 수 있다.

그러나 만약 우리가 고요함을 만들어주는 시간과 공간, 사람들을 찾는다면, 그곳은 우리에게 안정감을 주는 안식처가 될 것이다. 이러한 안정감은 우리의 영혼을 회복시키고, 일상에서 겪는 스트레스를 감소시키는 데 큰 역할을 한다.

예를 들어, 자연 속에서의 산책은 그러한 고요함을 찾는 한 방법이 될 수 있다. 자연의 소리에 귀를 기울이며, 눈앞의 풍경을 즐기는 것은 우리의 마음을 가라앉히고, 내면의 소리를 들을 수 있는 기회를 제공한다.

또한, 종교적 의식이나 명상은 우리의 마음을 집중시키고, 내면의 평안을 되찾는 데 도움을 줄 수 있다. 이와 더불어, 책을 읽거나 글을 쓰며 나만의 공간에서 시간을 보내는 것도 중요하다.

이런 활동들은 우리를 한층 더 깊은 내면으로 이끌어주고, 고요함 속에서 진정한 나를 발견하는 기회를 제공한다. 자신을 편안하게 만드는 이러한 공간은 단순한 공간이 아니라, 그 자체로 위로의 공간이자 치유의 공간이 될 것이다.

편안함은 우리에게 지혜로움을 안겨준다. 지혜로움이란 자극과 반응 사이에 공간을 두고 여유를 가질 줄 아는 것을 말한다. 우리는 보통 즉각적인 반응을 하려는 경향이 있지만, 그보다는 한 템포 쉬어가는 순간에 스스로를 되돌아보는 시간이 필요하다.

이 시간을 통해 우리는 자신의 감정과 생각을 정리하고, 내면의 소리에 귀 기울일 수 있게 된다. 이러한 고요한 시간 속에서 진정한 나를 마주할 수 있을 것이며, 내면의 갈등과 혼란을 해소할 수 있는 기회를 찾을 수 있다.

그렇게 시간을 통해 자기 자신을 돌아보며 자아와의 만남을 이루어가는 과정은 내면의 치료이자 성숙의 여정이다.

우리는 바쁘고 복잡한 삶 속에서 자주 자신을 잃고 방황하지만, 그러한 과정에서 중요한 것은 자기 자신을 바라보는 것이다. 자기 자신을 돌아보는 시간은 비단 자신의 문제를 해결하는 것만이 아니라, 우리의 내면에 있는 다양한 자아를 이해하고, 그와의 대화를 통해 성장하는 기회가 된다.

이런 내면의 치료와 성숙의 과정은 인간으로서 더 깊은 의미와 진리를 찾아가는 여정이기도 하다.

결국, 자기 자신을 잃어가는 사람들은 외부의 소리에 휘둘리지 않고 내면의 목소리를 듣는 것이 중요하다. 그리고 누군가가 그들의 곁에서 묵묵히 지켜봐 주고, 아무것도 하지 않아도 괜찮다는 메시지를 전해줄 때, 그들은 점차 안정감을 되찾고, 자신을 잃지 않게 된다.

　이런 과정을 통해 우리는 자기 자신을 회복하고, 내면의 고요함을 통해 진정한 나를 찾아가는 여정을 이어갈 수 있다. 이런 여정은 단순히 개인의 문제 해결을 넘어, 인간으로서의 본질을 탐구하고, 나 자신을 이해하며, 더 나아가 서로를 존중하고 사랑하는 방법을 배우는 기회를 제공한다.

　자기 자신을 잃지 않는다는 것은 단순히 삶에서 방향을 잃지 않는 것을 넘어, 매 순간 자신에게 충실한 삶을 사는 것을 의미한다. 외부의 소음에 휘둘리지 않고, 자신의 내면에서 울려 나오는 목소리에 귀를 기울일 수 있을 때 우리는 비로소 우리 자신과 가까워진다. 이 과정에서 자기 자신을 이해하고, 한 걸음씩 성장해 나갈 수 있다.

　그러나 이러한 내면의 여정은 혼자서는 쉽지 않다. 우리는 가끔 내면의 고요 속에서도 자신을 이해하지 못하고 불안해지며, 외부로부터 고립된 느낌을 받기 때문이다. 그렇기에 우리의 삶에 지지와 사랑을 보내주는 사람들이 존재하는 것은 큰 의미가 있다. 그들은 우리의 불완전한 모습까지 받아주며, 고통의 순간에 곁을 지켜준다.

이런 존재들이 우리의 내면의 평화와 안정감을 되찾도록 돕는다. 누군가가 곁에서 "그냥 있어도 괜찮아."라고 말해줄 때, 우리는 비로소 있는 그대로의 자신을 받아들일 수 있는 용기를 얻게 된다.

자기 자신을 잃지 않고 살아가는 길은 어쩌면 내면의 고요함을 통해 발견할 수 있다. 우리는 고요함 속에서 비로소 내면의 깊은 목소리를 들을 수 있다. 이러한 목소리는 우리의 진정한 자아를 일깨우며, 우리가 무엇을 위해 살아가는지 다시금 생각하게 한다.

세상의 소음에서 벗어나 조용히 나만의 시간을 가지며 스스로와 대화할 때, 우리는 우리의 진짜 모습을 마주할 수 있다. 때로는 자연 속에서의 산책, 명상, 독서와 같은 작은 행위들이 내면의 고요함을 선물해준다.

이 시간을 통해 우리는 외부의 소음에 반응하는 것이 아닌, 스스로의 감정과 생각을 성찰하며 더 나은 방향으로 나아갈 수 있다.

우리가 고요함 속에서 자기 자신을 만날 때, 삶은 더욱 깊어
지고 의미 있어진다. 우리는 단지 자신의 행복을 찾는 것에 그
치지 않고, 타인의 고통과 아픔을 이해하고 함께 나눌 수 있
는 존재로 성장하게 된다. 자기 자신을 충분히 이해하고 존중
할 줄 알게 될 때, 우리는 타인과의 관계에서도 보다 진실한
사랑과 이해를 제공할 수 있다.

결국 인간으로서의 성장은 나만의 여정이자 동시에 타인과
의 관계 속에서 이루어진다. 나를 있는 그대로 존중하고 사랑
할 줄 알 때, 우리는 자연스럽게 타인의 다름을 받아들이고
존중할 수 있게 된다.

이러한 내면의 성찰과 고요 속에서 진정한 나를 발견하고
사랑할 때, 우리는 세상 속에서도 흔들림 없는 중심을 가질
수 있다. 우리 내면의 고요함이 강해질수록 외부의 자극에 쉽
게 흔들리지 않으며, 타인의 기대나 판단에도 지나치게 예민
하게 반응하지 않는다.

오히려 나 자신에 대한 믿음과 확신이 생기며, 자존감을 바
탕으로 삶의 도전을 맞이하게 된다. 이 과정에서 우리는 인간

으로서의 진정한 존엄성을 깨닫게 된다.

　우리는 불완전하고 흔들리는 존재이지만, 바로 그 불완전함 속에서 성장하고 배운다. 자기 자신을 잃지 않는다는 것은 완벽한 존재가 되는 것이 아니라, 자신의 결핍과 약점을 인정하고 수용하는 것이다. 이러한 수용은 자아 존중을 넘어, 나 자신을 온전히 사랑하는 법을 배우는 과정이다. 또한 이는 인간으로서 서로를 이해하고 존중하며 살아갈 수 있는 길을 마련해준다.

　자기 자신을 잃어가는 시대에, 자기 자신을 찾아가는 여정은 더욱 중요한 의미를 지닌다. 우리는 고요한 시간과 성찰을 통해 진정한 나를 발견하고, 그 나를 세상에 떳떳이 드러내며 살아갈 용기를 얻는다.

　나를 있는 그대로 사랑하고 지지하는 과정은 삶의 모든 순간을 충만하게 만들어줄 것이다. 내면의 고요함 속에서 진정한 나를 찾아가는 이 여정은 결국 나와 타인, 그리고 세상을 이해하고 사랑하는 법을 배우는 길이기도 하다.

14
불청객:
예기치 않은 삶의 도전들

/

살다 보면 예기치 않은 순간에 불청객이 찾아오는 경우가 많다. 이런 불청객들은 우리가 전혀 준비하지 않은 순간에 문을 두드리며, 조용히 찾아오기도 하고 때로는 거세게 우리의 삶을 흔들어 놓기도 한다. 그들이 찾아오는 순간은 우리가 가장 바쁘거나 힘든 상황일 때가 많아 그들의 출현은 마치 비를 동반한 폭풍처럼 느껴진다.

누구나 인생의 어느 지점에서 이러한 불청객을 맞이하게 되며, 그 불청객들은 고난, 슬픔, 상실과 같은 무거운 감정을 자아내는 존재일 때가 많다. 이들 불청객은 우리가 원하지 않아도 찾아오고, 원하지 않아도 그들과 마주해야 하는 강제적인 존재로 여겨진다.

불청객이 찾아왔을 때, 우리는 본능적으로 거부하고 싶어 한다. "왜 하필 나에게 이런 시련이 닥쳤는가?"라는 질문을 던지며 원망하기도 하고, 그 상황에서 벗어나고 싶어 안달이 나기도 한다.

우리는 고통을 느끼고, 그 고통으로부터 도망가려 애쓰지만, 불청객을 피할 수 없는 때가 있다. 그렇다면, 차라리 그들을 마치 '귀한 손님'처럼 맞이해 보는 것은 어떨까? 이러한 시각 전환은 우리가 불청객과 대면하는 방식을 변화시킬 수 있다.

이들 불청객은 귀찮고 어려운 존재일지라도, 그들과의 시간이 지나면 우리에게 한 가지 중요한 선물을 남기고 떠난다. 그 선물은 바로 '인격'이다. 고난 속에서, 그 불청객을 통해 자신이 몰랐던 내면을 발견하게 되고, 이전보다 깊고 단단한 인격을 갖추게 된다. 그 과정에서 우리는 자신을 새롭게 이해하고, 성장할 수 있는 기회를 얻게 된다.

인생의 여러 단계에서 우리는 각기 다른 칭찬을 듣고 싶어 한다.

10대와 20대에는 "너 정말 똑똑하다"는 말이 큰 의미를 갖는다. 젊은 시절, 지식과 지혜를 갈고닦으며 성장하는 단계에서 자신의 지적 능력을 인정받는 것은 자아를 확립하는 데 중요한 요소가 된다.

그러나 30대와 40대가 되면 "인격이 있다"는 말이 더욱 가치 있게 느껴진다. 이 시기는 자기만의 가치관과 신념을 확립하고, 타인과 조화를 이루며 살아가는 방법을 배우는 시기이기 때문이다.

50대와 60대에 이르러서는 "덕이 있다"는 말을 듣고 싶어하게 된다. 남을 배려하고 이끄는 덕을 겸비한 사람이라는 인정을 받는 것은 인생의 오랜 여정 속에서 얻어지는 중요한 성과로 여겨진다.

마지막으로, 70대가 넘어가면 "어른"이라는 칭찬을 듣는 것이 기쁨이 된다. 세월의 풍파를 경험하고, 삶의 지혜를 쌓아가는 과정에서 자신만의 고유한 품격을 갖춘 어른이 되는 것은 인생의 마지막 단계에서 얻을 수 있는 귀한 칭호인 것이다.

하지만 나이를 먹는다고 해서 자연스럽게 어른이 되는 것은 아니다. 참된 어른이 된다는 것은 단순히 세월을 보냈다는 의

미가 아니기 때문이다. 그보다는 삶의 크고 작은 불청객들을
받아들이고, 그들을 대하는 과정에서 깊어진 마음과 단련된
영혼을 지녔다는 의미에 가깝다.

　고난을 많이 경험한 사람일수록, 그 안에서 배우고 성장한
사람일수록 진정한 어른의 모습에 가까워진다. 불청객이 주
는 고통을 통해 우리는 감정을 다루는 법을 배우고, 역경 속
에서 인내를 키우며, 고난을 통해 인간적인 깊이를 쌓아간다.
그러므로 진정한 어른이 되기 위해서는 불청객과의 만남을 피
하는 것이 아니라, 오히려 그들과의 만남을 통해 성장하고 성
숙하는 과정을 거쳐야 한다.

　물론 불청객을 맞이하는 것이 쉬운 일은 아니다. 그들을 환
대하기 위해서는 나 자신에게도 체력과 정신적인 강건함이 필
요하다. 몸과 마음이 고단할 때 불청객이 찾아오면 우리는 쉽
게 지치고, 그들에게 온전히 대접할 여유를 잃어버리게 된다.

　이러한 이유로, 우리의 삶이 허락하는 범위 안에서 자신을
돌보고 마음을 채우는 것 또한 중요하다. 몸도 마음도 튼튼해
야 인생의 불청객들이 찾아왔을 때 그들을 대할 수 있는 여유
가 생기기 마련이다. 스스로를 돌보는 과정은 결코 이기적인

것이 아니라, 더 나아가 타인을 위한 건강한 관계를 유지하기 위해서도 필수적이다.

우리는 자신의 감정을 돌보고, 필요할 때는 휴식을 취하고, 영양가 있는 음식을 섭취함으로써 내적인 힘을 기를 수 있다.

삶은 우리의 예상을 늘 벗어나기 마련이고, 그 안에서 우리는 성장해간다. 불청객을 피하기보다는 맞이하고, 그들과의 시간을 통해 깊이 있는 인격을 쌓아가며, 우리는 조금씩 어른이 되어 간다. 이러한 성장은 결코 쉽지 않지만, 불청객을 통해 배운 교훈은 우리를 더욱 풍요롭고 깊이 있는 삶으로 인도한다.

결국 불청객은 우리에게 귀찮고 힘든 존재일지라도, 그들과의 만남은 우리를 성숙하게 하는 중요한 기회임을 잊지 말아야 한다. 불청객이 남긴 고통은 결국 인생의 소중한 자산으로 남게 되고, 우리는 그 경험을 통해 더 나은 사람으로 성장하게 될 것이다.

불청객이 우리 삶을 찾아올 때마다 우리는 그들이 남긴 흔적을 지워내기 위해 애쓰고, 그 고통에서 벗어나려 몸부림친다. 그러나 그 고통을 완전히 지우고 없애려 할수록, 그들은 더욱 깊숙이 우리의 마음에 자리 잡는 경우가 많다.

때로는 오랜 시간이 지난 후에야 그들이 남긴 흔적이 우리에게 어떠한 의미를 지니고 있었는지를 깨닫게 되곤 한다. 고통스러운 기억조차 시간이 지나면 삶의 중요한 일부가 되며, 그 안에서 우리는 인간으로서 깊이와 지혜를 얻는다.

살다 보면 한없이 기쁘고 행복한 순간이 존재하듯, 삶에는 고통과 어려움이 공존한다. 그 고통의 한가운데 있을 때는 그것이 얼마나 소중한 의미를 지니고 있는지 깨닫기 어렵지만, 우리는 불청객이 남기고 간 흔적을 통해 더 깊이 있는 자신을 만날 수 있다.

불청객이 지나간 후의 시간은 마치 지친 대지에 내리는 단비처럼 우리를 치유하고 성장시킨다. 그렇기에 불청객과의 만남은 단순한 고통으로 끝나는 것이 아니라, 우리를 더 나은 방향으로 이끌기 위한 하나의 과정이라 할 수 있다.

불청객이 가져다준 시련은 때로 우리로 하여금 삶에 대한 태도를 재정립하게 한다. 이전에는 생각하지 않았던 부분에 대해 성찰하게 되고, 놓쳤던 가치에 대해 다시금 깨닫게 된다. 고통을 겪고 나서야 비로소 인생의 진정한 의미와 자신이 추구해야 할 가치가 보이기도 한다.

우리가 의지하고 믿었던 것들이 순간의 바람에 흔들리거나 사라질 때, 우리는 본질적인 것을 찾으려 애쓰게 된다. 불청객은 바로 이러한 본질을 찾아가는 여정을 도와주는 존재일지도 모른다.

우리는 삶의 여정에서 여러 가지 고통과 마주하면서 비로소 인간으로서의 성숙한 모습을 갖추어 가게 된다. 불청객은 겉으로는 우리의 삶을 혼란에 빠뜨리는 존재처럼 보이지만, 실상은 우리 내면에 숨겨진 가능성을 일깨워주는 역할을 하기도 한다.

어떤 사람들은 시련 속에서 새로운 꿈과 목표를 발견하며, 자신이 가진 힘을 발휘할 기회를 얻게 된다. 이처럼 불청객은 단순히 우리를 괴롭히는 존재가 아니라, 더 강하고 지혜로운 인간으로서의 성장을 이끄는 기폭제가 되는 것이다.

고난과 시련을 통해 인내와 용기를 배우고, 그 안에서 잃지 말아야 할 가치를 깨닫는 일은 인생의 중요한 과제 중 하나다. 이 과정에서 우리는 고통을 피하지 않고 받아들일 줄 아는 법을 배운다.

불청객이 찾아왔을 때 이를 무작정 거부하기보다는, 그들이 주는 메시지에 귀를 기울이며 배울 점을 찾는 자세가 중요하다. 이는 스스로를 더 깊이 이해하고, 주변의 사람들에게도 보다 성숙한 방식으로 다가갈 수 있는 기회를 제공한다.

불청객과의 만남을 통해 우리는 타인의 고통을 이해하고 공감하는 법을 배우게 된다. 불청객을 경험한 사람은 남의 고통을 이해하는 데에 있어 보다 너그러워지며, 타인의 감정을 더 세심하게 바라볼 수 있게 된다.

그러한 이해와 공감은 관계를 더욱 깊게 만들어 주고, 인간 사이의 진정한 유대감을 형성하게 한다. 불청객을 경험한 사람은 고통 속에서 자신을 단련하고, 그로 인해 타인의 고통에도 민감하게 반응하는 따뜻한 사람이 된다.

불청객을 맞이하는 과정에서 우리는 자신을 돌보고 치유하는 법을 배운다. 때로는 아무리 어려운 상황 속에서도 자신을 잃지 않고 지켜야 한다는 사실을 깨닫게 된다. 불청객이 찾아오는 순간마다 우리는 자신을 보호하고, 내면의 평화를 유지하기 위해 노력해야 한다.

이 과정은 끊임없이 자신을 돌보고, 필요한 순간에는 멈춰서 쉬어가는 법을 배워야 함을 알려준다. 불청객이 남긴 상처

를 통해 우리는 내면의 단단함을 기르고, 더 강인한 사람이
되어간다.

이러한 과정을 통해 우리는 진정한 어른으로 성장한다. 나
이가 들었다고 해서 누구나 어른이 되는 것이 아니라, 불청객
과의 만남을 통해 단련된 사람만이 참된 어른이 될 수 있다.
참된 어른이란 단순히 나이를 먹고 인생 경험을 쌓은 사람
이 아니라, 고난과 역경 속에서 배움을 얻고, 그 속에서 깊이
있는 성찰과 지혜를 얻은 사람이다. 이러한 어른은 자신의 고
통뿐만 아니라 타인의 고통도 이해하고, 타인에게 진심으로
다가갈 줄 아는 따뜻한 존재가 된다.

불청객은 우리에게 고통과 시련을 안겨주지만, 그들이 떠난
자리에 남는 것은 결코 빈자리가 아니다. 그 자리는 우리 내면
의 깊이와 강인함으로 채워지며, 그로 인해 우리는 더 나은 사
람이 된다.
불청객과의 만남은 우리가 생각하는 것만큼 두렵거나 불행
한 일이 아니다. 오히려 그들과의 만남은 우리에게 인생의 진
정한 가치를 일깨워 주고, 더 나아가 성장과 변화를 선물하는
소중한 경험이 된다.

인생에서 만나는 불청객들은 우리가 원하지 않은 시련을 안겨주지만, 그로 인해 우리는 자신을 돌아보고 성장하게 된다.

불청객을 맞이하는 것이 힘들더라도, 그들을 통해 배울 점을 찾아내고, 그들이 남기고 간 흔적을 긍정적인 자산으로 삼을 수 있다면, 그 과정에서 우리는 삶의 깊이와 풍요로움을 경험하게 된다. 불청객이 남긴 고통은 우리를 강하게 만들고, 우리 삶의 진정한 가치를 발견하는 여정으로 이끌어준다.

따라서 우리는 불청객이 찾아올 때마다 그들에게 고마움을 느낄 수 있는 여유를 가지는 것이 중요하다. 그들이 우리에게 주는 고통은 인생을 더 풍요롭게 만들기 위한 과정이며, 우리는 그 고통을 통해 더 나은 사람으로 성장하게 된다.

불청객과의 만남은 비록 힘들지만, 그들이 남긴 흔적은 결국 우리의 인생을 더 깊고 가치 있게 만드는 소중한 경험임을 잊지 말아야 한다.

15
챙김이라는 행위:
관계 돌보기

/

마흔을 넘기고 인생의 반환점을 돌기 시작하면, 문득 삶의
무게가 묵직하게 느껴진다. 젊을 때와는 다르게 지켜야 할 사
람과 책임이 늘어가고, 생각지 못한 일들이 하나둘씩 쌓여 가
면서 마음의 여유도 조금씩 줄어든다. 사회적 책임, 가족의 기
대, 그리고 개인적인 목표와 꿈이 서로 충돌하면서 우리는 스
스로를 힘들게 만들 때가 많다.

이러한 현실에서 더욱 중요한 것은, 인생 후반을 좀 더 풍요
롭게 살기 위해 우리가 돌아봐야 할 아홉 가지 마음가짐이다.
이 아홉 가지는 우리를 지탱해 주고, 보다 나은 방향으로 나아

가게 할 수 있는 지침이 된다.

첫째, 나만의 굴뚝을 만들어라

바쁘게 돌아가는 일상 속에서 우리에게 가장 필요한 것은 다름 아닌 '굴뚝'이다. 삶의 에너지를 태우다 보면 자연스레 연기가 생기기 마련이고, 이 연기를 배출하지 않고 내부에 쌓아두다 보면 결국 스스로를 질식시키게 된다.

이는 마치 불을 피우면서도 연기를 내보내지 않고 다 들이마시는 것과 같다. 우리가 무거운 마음이나 스트레스에서 벗어나지 못하고 계속 안고 살아가면, 그 부담을 짊어지는 것은 나와 내 가족이다. 결국 이 스트레스는 주변 사람들에게도 전이되어, 가족이나 친구들과의 관계까지 해칠 수 있다.

그러니 일상에서 마음의 굴뚝을 하나쯤 만들어야 한다. 그 굴뚝은 거창한 것이 아니다. 작은 일상의 변화들로도 시작할 수 있다. 달콤한 디저트를 즐기는 짧은 시간, 마음을 설레게 하는 책을 읽는 여유, 좋아하는 음악을 들으며 차 한 잔을 마

시는 순간, 혹은 친구와 솔직한 대화를 나누며 속마음을 털어
놓는 시간이 될 수도 있다.

이러한 소소한 순간들이 쌓이면 우리의 마음은 가벼워지
고, 일상의 스트레스도 자연스레 해소된다. 마음이 편안해지
는 작은 일들이 곧 우리만의 굴뚝이다. 이 굴뚝을 통해 나만
의 숨 쉴 공간을 만들어 보는 것은 어떨까? 정기적으로 자신
만의 시간을 확보하여 진정한 쉼을 취하는 것이 중요하다.

둘째, 용서하는 힘을 갖추어라

용서는 때때로 남을 위한 것처럼 보이지만, 사실 가장 큰 이
익을 보는 사람은 바로 나 자신이다. 마음에 미움과 화를 품으
면 그 감정은 나 자신을 갉아먹고, 일종의 독이 되어 돌아온
다. 이러한 감정은 우리를 지치게 하고, 정신적으로도 큰 부담
이 된다.

감정의 고랑이 얕든 깊든, 상처를 안고 사는 것은 오직 나의
마음을 힘들게 할 뿐이다. 그러므로 용서하는 힘을 기르면 우

리는 더 자유로워진다. 미움을 걷어내고 나면 마음이 가볍고 편안해지며, 더 이상 누군가를 미워하는 일로 에너지를 소모하지 않아도 된다.

그러니 상처와 미움이 찾아왔을 때는 그 감정을 느끼되, 그에 붙잡혀 자신을 괴롭히지 않도록 노력해보라. 용서란 상처 받은 마음을 다독이는 일이기도 하다.

즉, 자신에게 평화를 주는 선택이고, 나 자신을 더 사랑하는 길이기도 하다. 용서는 단순한 행위가 아니라, 나 자신에게 주는 가장 큰 선물이다. 우리 삶에서의 많은 어려움은 결국 우리의 마음가짐에 달려 있음을 잊지 말아야 한다.

셋째, 후회는 적당히만 하라

우리는 종종 과거의 결정과 행동을 돌아보며 후회를 느낀다. '그때 그 선택을 하지 말걸', '그때 그 말을 왜 했을까'…. 후회는 당연히 필요한 감정이다. 우리의 선택이 불러온 결과를 돌아보고, 더 나은 결정을 위해 자신을 성찰하는 과정이기 때문이다.

하지만 그 후회가 깊어져 과거에만 집착하게 된다면, 결국 발목을 잡히게 된다. 과거를 돌아보되 그곳에 매이지 말아야 한다. 우리가 과거를 돌아보며 느끼는 후회는 더 나은 선택을 위해 참고하고 반성할 수 있는 기회이다.

후회는 우리 삶의 방향을 바로잡는 소중한 기회이다. 중요한 것은 지나간 과거를 반성하고, 거기서 얻은 깨달음으로 다가올 미래의 길을 잘 잡아가는 것이다.

뒤만 돌아보며 나아갈 수 없는 것처럼, 삶의 운전대를 잡고 앞으로 향할 때 후회는 가벼운 지침서로만 남기자. 후회를 통해 배운 교훈은 우리를 더욱 성숙하게 만들고, 인생의 다음 단계를 더 나은 방향으로 이끌 수 있는 원동력이 된다.

넷째, 마음은 열어 두라

나이가 들면 자연스럽게 자기중심적인 생각에 빠질 때가 많다. 자신의 경험을 고집하게 되고, 자신이 옳다고 생각하는 대로만 살려고 하다 보니, 다양한 사람들과의 관계도 점점 멀어지고 새로운 기회를 스스로 차단하게 된다. 하지만 인생은 언제나 배울 것이 많다.

'내가 잘 몰라서 그러는데, 한번 알려줄래?'라는 마음가짐 으로 새로운 것을 받아들이는 연습을 해야 한다. 나와 다르다 고 배척하는 것이 아니라, 다양한 경험과 시각을 포용하는 태 도는 우리를 더욱 풍요롭게 만든다.

자신의 고정관념에 갇히지 않고, 열린 마음으로 세상을 바 라본다면 우리는 더 많은 것을 배울 수 있다. 잘 모르겠다고 말할 용기를 갖고, 또 다른 사람의 생각을 존중할 줄 아는 유 연함은 나이가 들어갈수록 더욱 중요해진다. 고집 대신 유연 함을, 폐쇄 대신 개방을 선택해 보는 건 어떨까?

마음을 말랑말랑하게 유지할 때, 우리는 진정한 지혜를 얻 고 인생의 후반을 더욱 값지게 만들어 갈 수 있을 것이다. 다 양한 사람들과의 대화와 소통은 새로운 관점을 제공해 줄 뿐 만 아니라, 우리 자신을 되돌아볼 수 있는 기회를 만들어준다.

이제 삶의 절반을 지나며, 우리는 이 네 가지를 마음에 새겨 야 한다. 굴뚝을 만들고, 용서의 힘을 갖추며, 적당히 후회하고, 열린 마음으로 나아가는 삶. 이러한 마음가짐은 우리를 더욱 건강하고 행복하게 만들어 줄 것이다.

이 네 가지를 통해 인생의 두 번째 챕터를 더욱 건강하고 풍요롭게 꾸려 나갈 수 있을 것이다. 삶은 언제나 우리에게 새로운 기회를 제공하므로, 그 기회를 잘 살리기 위해 항상 열린 마음과 긍정적인 태도를 유지하는 것이 필요하다.

우리는 인생의 반환점을 돌며 자연스레 새로운 각오와 결심을 다지게 된다. 과거의 경험을 통해 배운 것들을 바탕으로 더 나은 삶을 살아가고자 다짐하게 되는데, 앞서 언급한 네 가지 마음가짐은 인생 후반을 더욱 풍요롭게 만들어줄 중요한 지침이 될 것이다.

이를 통해 인생을 더 깊이 이해하고, 행복의 방향을 설정하는 데 도움을 얻을 수 있다.

다섯째, 꾸준한 자기 관리를 잊지 말라

마흔 이후의 삶은 젊었을 때와는 또 다른 의미에서 자기 관리가 중요하다. 단지 외적인 건강뿐 아니라, 내적인 평화와 마음의 안정 또한 관리해야 할 부분이다. 신체적으로 건강을 유지하기 위해 꾸준히 운동을 하고, 좋은 음식을 섭취하며, 적절한 휴식을 취하는 것이 필요하다.

이와 동시에 정신적으로도 긍정적인 마음가짐을 유지하며, 스트레스를 잘 관리할 줄 알아야 한다. 일상 속에서 잠깐의 휴식을 통해 지친 몸과 마음을 돌보고, 자신만의 힐링 방법을 찾아가는 것이 중요하다.

자기 관리란 단지 몸을 건강하게 유지하는 것을 넘어, 자신을 사랑하고 존중하는 행위이기도 하다. 매일 규칙적인 운동이나 명상과 같은 작은 습관을 통해 내 삶의 균형을 찾아가는 과정은 나를 돌보는 데 있어 필수적인 요소이다.

이 과정에서 우리는 자신을 더욱 깊이 이해하고, 내면의 평화와 성장을 경험하게 된다. 꾸준한 자기 관리는 결국 더 나은 삶을 위한 밑바탕이 된다.

여섯째, 감사하는 마음을 가지라

감사는 인생을 풍요롭게 만드는 또 다른 열쇠다. 일상에서 작은 것에 감사하는 습관을 기르면 삶이 더 밝고 풍요로워진다. 많은 사람들은 젊을 때 쉽게 가졌던 것들을 당연하게 여기는 경향이 있다. 하지만 나이가 들수록 그 모든 것들이 사실은 당연한 것이 아니었음을 깨닫게 된다.

현재 가진 것들, 함께하는 사람들, 그리고 일상 속의 소소한 순간들까지 감사하는 마음을 가지면, 우리는 불평보다는 긍정적인 시선으로 삶을 바라보게 된다.

감사하는 마음을 갖기 위해 하루를 마무리하며 자신에게 감사의 시간을 주는 것도 좋은 방법이다. 그날 있었던 좋은 일들, 혹은 큰일은 아니더라도 사소한 행복을 떠올리며 감사하는 시간을 가져보자.

이렇게 작은 감사들이 쌓이다 보면, 자연스레 우리의 삶은 더 밝고 긍정적인 에너지로 채워지게 된다. 감사의 마음은 결국 우리를 더욱 행복하게 만들어 주는 강력한 원동력이다.

일곱째, 소중한 사람들과의 관계를 소홀히 하지 말라

　인생 후반의 행복은 결국 함께하는 사람들과의 관계에서 나온다. 사회적 지위나 재물, 성공도 물론 중요한 요소지만, 우리가 진정으로 행복감을 느낄 수 있는 순간은 바로 가족, 친구, 그리고 나를 지지해주는 사람들과 함께할 때이다.
　바쁜 일상 속에서도 시간을 내어 소중한 사람들과 만남을 가지며, 진심으로 대화를 나누는 것은 큰 의미가 있다.

　관계의 유지에는 노력과 배려가 필요하다. 서로에게 진심을 다하고, 어려운 순간에도 기꺼이 함께할 수 있는 마음을 가져야 한다. 나이가 들면서 자연스레 인간관계가 줄어들기도 하지만, 깊고 진실한 관계를 유지하려는 노력이 중요하다. 그 관계는 우리 삶에 큰 위로와 힘을 주기 때문이다.

　인생의 반환점을 돌며, 내가 정말 소중하게 생각하는 사람들과 더 많이 소통하고 함께할 수 있도록 의식적인 노력을 기울여 보자.

여덟째, 새로운 것을 두려워하지 말라

나이가 들수록 새로운 도전을 시작하기가 두려워지는 경우가 많다. 과거의 경험에 얽매이고, 실패의 두려움에 갇혀 새로운 일에 도전하지 못하는 경우가 많다.

하지만 새로운 도전은 삶을 더 활기차고 의미 있게 만들어주는 중요한 요소다. 젊은 시절 가졌던 열정과 도전 정신을 잃지 않고, 지금부터라도 새로운 것을 배우고 경험해 보자.
나이를 핑계로 도전을 미루기보다는, 오히려 나이가 들었기에 더욱 깊이 있는 성취를 얻을 수 있다는 긍정적인 마인드셋을 가지는 것이 중요하다.

새로운 취미를 시작하거나, 가고 싶었던 여행지에 도전해 보거나, 배우고 싶었던 분야에 도전해 보는 것은 나를 더욱 성장시키는 경험이 될 것이다. 새로운 도전은 두려움을 넘어서 자신감과 용기를 키워주고, 삶의 질을 높이는 데 큰 도움이 된다.

아홉째, 나만의 가치와 철학을 찾아라

젊은 시절에는 남의 기준이나 사회적 기대에 맞추어 행동하는 경우가 많다. 그러나 인생의 후반으로 접어들수록 나만의 가치와 철학을 찾는 것이 중요하다. 자신만의 기준과 원칙을 세우고, 이를 기반으로 하루하루를 살아가는 것은 삶을 더욱 충만하게 만들어준다.

내가 진정으로 소중히 여기는 가치가 무엇인지 고민하고, 그 가치에 따라 삶을 계획해 나가는 것, 이것이 진정한 행복을 찾는 길이다.

타인의 기대나 외부의 시선에 휘둘리지 않고, 나만의 철학을 갖고 살아가는 것은 내 삶의 주도권을 지키는 일이다. 이 과정에서 스스로에게 솔직해지고, 자신의 내면과 더욱 가까워질 수 있다.

나만의 철학이 생기면 어떤 상황에서도 흔들리지 않는 삶을 살 수 있게 된다. 그 철학은 나만의 삶을 지탱하는 근본적인 힘이 되어 줄 것이다.

이제 우리는 삶의 반환점을 돌아가고 있다. 지나온 길을 되돌아보며 얻은 지혜와 배움을 바탕으로, 남은 여정을 어떻게 더 의미 있게 보낼지 고민하게 된다. 앞서 언급한 네 가지 마음가짐에 더해, 꾸준한 자기 관리와 감사하는 마음, 소중한 관계, 새로운 도전, 그리고 나만의 철학을 찾는 일이 더해지면 우리는 인생 후반을 더욱 풍요롭고 만족스럽게 살아갈 수 있을 것이다.

인생은 언제나 새로운 기회를 제공한다. 과거의 실수와 아쉬움에 얽매이지 말고, 앞으로의 삶에 새로운 목표와 꿈을 그려보자. 내가 진정으로 원하는 삶의 방향을 찾아, 소중한 사람들과 함께, 감사하는 마음으로 하루하루를 살아가며, 나만의 길을 걸어가는 것이야말로 진정한 행복의 길이다.

나를 위한 굴뚝을 만들어 스트레스를 해소하고, 용서와 후회를 통해 마음의 평화를 찾으며, 열린 마음으로 새로운 시각을 받아들이는 일. 이러한 마음가짐과 더불어 꾸준한 자기 관리와 감사하는 마음, 소중한 관계와 도전을 통해 우리는 삶의 후반부를 더욱 가치 있게 만들어 나갈 수 있을 것이다. 삶은 우리의 선택과 마음가짐에 달려 있다. 그러니 이제는 나를 위한 길을 스스로 만들어 나가며, 나 자신에게 충실한 삶을 시작해 보자.

16
변화 속의 평온:
변화를 받아들이는 평온

/

    우리가 매일 주고받는 '안녕'이란 인사에 깊은 의미가 숨어 있다는 것을 아는가? '안'은 편안할 안(安), '녕'은 편안할 녕(寧), 그러니까 서로의 안녕을 기원하는 인사이다. 우리의 조상들이 아침마다 "안녕하십니까?"라며 안부를 물었던 것은, 그만큼 많은 사람들이 고단한 삶 속에서 무사히 하루를 넘기길 바라는 마음이 담긴 인사였다.

    안녕에서 단순한 인사말이 아닌, 서로의 존재를 확인하고 존중하는 깊은 배려가 느껴진다. 우리는 그들에게서 이어진 이 인사를 습관처럼 매일 반복하며, 진정한 '안녕'이란 무엇인지에 대한 의미를 스스로에게 묻게 된다. '나는 잘 살고 있는가?'라는 질문은 이 시대에도 유효한 화두이며, 이러한 질문은 우리가 매일 아침마다 던지는 인사의 의미와 함께 연결된다.

그렇다면, 우리는 어떻게 잘 살 수 있을까? 여기서 시작되는 고민은 결국 '나'라는 존재를 먼저 아는 것으로 귀결된다.

이러한 '나'라는 질문을 풀기 위해 우리는 플라톤과 그의 스승 소크라테스, 그리고 데카르트를 생각해 볼 수 있다. 플라톤의 인생을 돌이켜보면, 그는 젊은 시절 소크라테스를 만나 인생의 방향을 전환하게 된다.

소크라테스는 그에게 지혜의 불꽃을 심어주었고, 플라톤은 자신의 내면을 깊이 탐구할 수 있는 기회를 얻게 되었다. 겉으로 보면 완벽해 보이는 엘리트였던 플라톤은 소크라테스를 스승으로 모시며 정신적인 동경을 느끼고, '플라토닉 러브'로 불리는 순수한 지적 사랑을 이어간다.

이는 단순히 개인의 사랑을 넘어, 진리에 대한 동경을 표현한 것이다. 소크라테스의 죽음 이후, 그는 진리를 찾아 떠돌았고, 아테네로 돌아온 후에는 철학적 가르침을 이어가며 '아카데메이아'라는 학교를 설립하였다.

우리가 익숙하게 사용하는 '아카데미'란 단어는 바로 여기서 유래된 것이다. 플라톤은 진리를 현실의 현상 너머에 있는 '이데아'에서 찾았고, 우리가 접하는 모든 것은 이데아로부터 투영된 그림자에 불과하다고 보았다. 그는 철학을 통해 우리의 진정한 자아를 끊임없이 이상을 추구하며 내면의 진리를 향해 나아가는 존재로서 탐구해야 한다고 주장했다.

플라톤의 스승 소크라테스는 "너 자신을 알라"라는 가르침을 남겼다. 그는 질문을 통해 상대가 스스로 답을 찾도록 돕는 대화법인 산파술을 사용했다. 이는 단순히 지식을 전달하는 것이 아니라, 상대방이 자신의 내면에 잠재된 진리를 발견하도록 유도하는 방식이다.

소크라테스는 지식이란 주입이 아닌 마음속 진리를 끄집어내는 과정이라고 말하며, 사람들에게 내면의 진리로 이끄는 철학을 제시했다. 그는 무지의 지혜를 강조하며, 자신이 아무것도 모른다는 것을 아는 것이 진정한 지혜의 시작이라고 했다. 이는 우리가 잘살기 위해 먼저 '아는 것'에서 출발해야 함을 의미한다. 자신의 무지를 인식하고, 그로 인해 더 깊은 진리를 추구하는 것이 우리의 삶을 더욱 의미 있게 만들어 줄 것이다.

여기서 더 나아가 데카르트는 "나는 생각한다, 고로 존재한다"는 결론을 내리며, 스스로의 존재에 대해 끝없는 의심을 던졌다. 그는 모든 것을 의심하던 중, 아무리 의심해도 의심할 수 없는 유일한 진실은 바로 '생각하는 나'라는 사실임을 깨달았다.

데카르트는 모든 것을 의심하는 '방법적 회의'를 통해 궁극의 진리를 찾으려 했고, 그 진리가 바로 '사유하는 나'의 존재임을 밝혔다. 그는 자신의 존재를 확고히 하기 위해 '사유'라는 과정을 통해 스스로의 존재를 증명하였다.

이러한 철학적 탐구는 결국 우리의 존재 의미와 삶의 방식에 대해 깊은 성찰을 요구한다. 우리는 그를 통해 생각의 힘을 인식하고, 자신의 내면을 탐구하는 여정을 시작할 수 있다.

우리는 이 세 명의 철학자가 남긴 사유의 여정을 따라가며, 진정한 자아를 알아가는 여정을 시작할 수 있다. 플라톤의 이상과 소크라테스의 자기 인식, 데카르트의 존재론적 탐구는 모두 우리에게 '나'라는 존재를 알아가도록 이끌어준다.

지금 내가 나 자신을 어떻게 인식하고, 어떤 모습으로 살아가고 있는지에 대한 진지한 고찰이야말로 나를 알기 위한 첫

걸음이 될 것이다. 이 과정에서 우리는 자신의 가치관과 신념을 다시금 점검하고, 삶의 방향을 재정립할 수 있는 기회를 갖게 된다.

결국, 이러한 철학적 탐구는 단순히 개인의 존재를 넘어서, 우리가 어떻게 살아가야 할지를 고민하게 만든다. 우리는 플라톤, 소크라테스, 데카르트의 가르침을 통해 진정한 '안녕'의 의미를 찾을 수 있으며, 그 인사를 통해 서로의 존재를 확인하고 지지하는 사회적 연대를 형성할 수 있다.

이처럼, '안녕'이라는 인사는 단순한 인사말이 아니라, 우리가 서로의 삶을 이해하고, 존중하며, 지지하는 기반이 된다. 우리가 살아가는 사회에서 진정한 의미의 안녕을 실현하기 위해, 우리는 지속적으로 자신의 내면을 탐구하고, 서로의 존재를 소중히 여기는 태도를 가져야 할 것이다. 이러한 탐구와 배려는 결국 우리가 잘 살아가기 위한 중요한 길잡이가 되어줄 것이다.

'안녕'이라는 단순한 인사말이 가지는 깊은 의미는 우리의 일상 속에 스며들어 있지만, 우리는 그 의미를 자주 잊고 지나친다. '안녕'은 단순히 상대방의 안부를 묻는 말이 아니다. 이는 서로의 평안과 건강을 바라는 진심 어린 소망이 담긴 말이다.

현대 사회에서 우리가 매일 반복하는 '안녕하세요'라는 인사에는 서로가 평화롭고 무사하기를 바라는 염원이 숨어 있다. 하지만 바쁜 일상 속에서 우리는 그 의미를 상실하고, 인사를 하나의 형식적 절차로만 생각하기 쉽다.

그러나 깊이 생각해 보면, '안녕'이라는 인사에는 우리 삶을 보다 풍요롭게 만드는 요소들이 숨어 있다. 철학자들이 그토록 추구했던 진정한 '나'에 대한 탐구와 서로의 존재를 확인하는 인사가 바로 '안녕'의 진정한 의미와 맞닿아 있는 것이다. 우리가 진심으로 누군가의 안녕을 묻는 순간, 우리는 그 사람의 삶을 존중하고 그의 존재를 소중히 여긴다는 마음을 담게 된다. 이러한 마음은 우리가 매일 인사를 주고받으면서도 놓치기 쉬운 '안녕'의 의미를 되새기게 한다.

진정한 '안녕'을 위해서는 내면의 평화와 만족이 필요하다. 이는 단순히 겉으로 보이는 행복이나 성공을 뜻하지 않는다. 내면의 평화는 오히려 자신을 깊이 이해하고, 자신의 한계를 받아들이며, 그 안에서 성장하려는 마음가짐에서 비롯된다.

우리가 진정으로 잘 살고 있다고 느끼기 위해서는 스스로가 어떤 사람인지 알고, 어떤 가치와 신념을 가지고 있는지를 명확히 이해해야 한다. 자신의 본질을 이해하고, 삶의 방향을 설정하는 것은 일상 속에서 '안녕'을 진정으로 실현하기 위한 중요한 요소가 된다.

이러한 내면의 평화는 다른 사람과의 관계에서도 중요한 역할을 한다. 현대 사회는 서로의 삶이 너무나도 빨리 스쳐 지나가기 때문에, 우리는 때로 진심 어린 인사와 관심을 소홀히 하기도 한다. 그러나 매일 아침, 혹은 바쁜 일상 중에 만나는 사람들과 진정한 안부를 주고받는 것만으로도 우리의 삶은 조금씩 변화할 수 있다.

소크라테스의 "너 자신을 알라"는 가르침처럼, 우리는 스스로를 이해할 때 비로소 타인에 대해 진정으로 공감하고 배려할 수 있게 된다. 우리의 인사말은 겉으로 드러나는 인사 이상의 것이며, 서로의 마음을 확인하는 다리 역할을 한다.

우리가 살아가며 겪는 수많은 경험과 도전은 때로 우리를 지치게 하고, 타인과의 관계에서도 벽을 만들게 한다. 하지만 '안녕'이라는 작은 인사를 통해 우리는 서로에게 관심을 가지고, 존재를 인정하게 된다.

데카르트가 "나는 생각한다, 고로 존재한다"라고 선언했던 것처럼, 우리 또한 서로의 존재를 인식하고 인정할 때 진정한 관계가 형성될 수 있다. 서로가 살아있고, 잘 지내기를 바라는 인사는 단순한 말이 아니라, 상대방을 향한 깊은 관심과 연결의 표현이다.

'안녕'이라는 인사 속에는 우리의 삶과 타인에 대한 철학적 성찰이 깃들어 있다. 플라톤이 말했던 "이데아"의 세계에서처럼, 우리는 이 세상에서 단지 물질적인 존재로서만 살아가는 것이 아니다. 우리는 서로의 존재를 인식하고, 내면을 탐구하며, 더 높은 이상을 향해 나아가고자 한다.

그렇기에 우리의 삶에서 '안녕'이라는 인사는 단순한 인사 이상의 의미를 가진다. 이는 서로의 삶을 응원하고 지지하며, 더 나은 세상을 함께 만들어가겠다는 의지의 표현이기도 하다.

오늘날의 사회는 경쟁과 성취를 중시하며, 우리는 종종 자신이나 타인의 가치를 외적인 성과로만 판단하려 한다. 그러나 진정한 '안녕'은 그러한 경쟁의 틀을 넘어서, 서로의 존재 자체를 존중하고 아끼는 데서 시작된다.

우리가 서로에게 건네는 인사가 단순히 형식적이지 않고 진심에서 우러나올 때, 우리는 서로에게 더 큰 힘이 되어 줄 수 있다. 이는 자신을 아끼고, 타인을 존중하는 마음에서 비롯되는 것이며, 우리가 살아가며 느끼는 불안과 외로움 속에서 따뜻한 위로가 되어줄 수 있다.

이처럼 '안녕'이라는 인사는 우리 사회를 더욱 따뜻하게 만드는 작은 시작이 될 수 있다. 플라톤, 소크라테스, 데카르트가 추구했던 철학적 성찰이 우리의 일상 속 인사로 녹아들어 있을 때, 우리는 진정한 의미의 안녕을 경험하게 될 것이다.

서로의 삶을 존중하고, 서로의 평화를 기원하는 이러한 인사는 우리가 사회 속에서 함께 살아가는 존재임을 확인시켜준다. 우리가 서로의 안부를 묻는 것은 단순한 인사가 아니라, 서로에게 마음의 평화를 기원하고, 더 나은 삶을 위한 응원의 표현이다.

우리의 조상들이 매일 아침과 저녁마다 '안녕하십니까?'라고 물으며 하루를 시작한 것처럼, 현대를 살아가는 우리도 매일 진심 어린 인사로 서로를 격려하고 응원할 수 있다. '안녕'이라는 말 속에는 단순한 인사를 넘어 서로의 존재를 인정하고 지지하는 따뜻한 마음이 담겨 있다. 우리가 이 마음을 잊지 않고 지킬 때, 우리 사회는 더 많은 공감과 연대를 기반으로 하는 따뜻한 공동체로 발전할 것이다.

결국, '안녕'이라는 인사는 우리가 서로에게 건넬 수 있는 가장 진실된 말이다. 이는 우리 자신의 내면의 평화를 찾고, 타인의 존재를 소중히 여기는 데서 비롯된 것이다. 이 인사를 통해 우리는 단순히 하루를 시작하는 것이 아니라, 서로에게 더 나은 존재가 되어주기 위한 다짐을 하는 것이다.

매일 반복되는 '안녕'이라는 인사 속에서 우리는 자신의 존재를 다시 한 번 확인하고, 타인에게 평안을 전하는 삶의 의미를 깨달을 수 있다.

17

나다움:
자기 정체성의 힘

/

　우리가 스스로를 진심으로 사랑한다면 귀찮고 힘든 일도 기꺼이 해낼 수 있을 것이다. 자기 자신을 위해서라면 귀찮더라도 더 나은 선택을 하고, 이를 행동으로 옮기는 것이 필요하다. 예를 들어, 건강을 위해 도시락을 싸거나, 하루 종일 지친 몸을 이끌고 야채를 손질하는 일들은 겉으로는 그저 번거로운 일처럼 보일 수 있다.

　하지만 내 몸과 마음을 위한다면, 이러한 소소한 수고야말로 나를 진정으로 사랑하는 마음에서 비롯된 것이라고 할 수 있다. 이러한 작은 실천들은 결국 나에게 진정한 가치를 부여하고, 내가 원하는 삶으로 나아가는 첫걸음이 될 것이다.

스스로를 사랑하는 일은 단순히 자아를 응원하고 긍정하는 데서 끝나지 않는다. 실제로 나를 아끼고 위해주는 행동을 통해, 내가 어떤 모습으로 살고 싶은지, 어떠한 방향으로 나아가고 싶은지를 스스로에게 묻는 과정이 필요하다.

이 과정은 자주 스스로에게 묻고 답하며 나아가는 것인데, 어쩌면 매일 해야 하는 직업 같은 일일지도 모른다. '내가 원하는 삶은 무엇인가? 나를 만족하게 할 수 있는 삶의 방향은 무엇인가?'와 같은 질문을 매일 던지다 보면, 점차 나의 생활과 선택들이 유동적으로 변하고, 어느새 내가 진정으로 원했던 삶으로 한 걸음씩 나아가고 있음을 깨닫게 될 것이다.

19세기 철학자 쇼펜하우어는 "가장 좋은 것은 늘 나에게 먼저 줘라. 행복은 거기서부터 온다"라고 말했다. 이는 자기 자신을 충분히 돌보고 사랑하는 것이야말로 행복의 출발점이라는 의미를 담고 있다.

결국, 나를 아껴주고 채워주는 사람은 내가 되어야 한다. 왜냐하면 우리가 사는 세상에서 온전히 믿을 만한 사람은 나 자신이기 때문이다. 자기 자신에게 의지하며 만족하는 사람은 진정으로 잘 사는 사람이라 할 수 있다.

그러므로 남에게 베풀기 전에 스스로를 잘 돌보는 것이 중요하다. 자기 자신을 충분히 채워내는 사람은 고요하고도 따스한 내면을 가지게 된다. 이는 마치 한겨울의 매서운 바람 속에서도 난로 앞에서 크리스마스를 맞이하는 듯한 평안과 따스함을 느낄 수 있는 상태이다.

스스로를 사랑하는 데 있어 실천은 필수적이다. 실제로 나를 사랑하는 것은 단순한 마음의 외침이 아니라, 이를 증명하기 위한 행동을 필요로 하는 행위이기도 하다.

내가 나를 위해 해주는 작은 노력들이 결국 내 삶에 얼마나 큰 행복을 가져다주는지를 깨닫는 것이다. 예를 들어, 정기적으로 운동을 하거나, 일상에서 소소한 행복을 찾아가는 것처럼 말이다.

이러한 실천 속에서 우리는 비로소 나를 위한 작은 수고가 얼마나 큰 행복을 가져다주는지 깨닫게 된다. 그러니 귀찮더라도 스스로를 위해 해야 할 일들을 기꺼이 해보는 건 어떨까?

가장 좋은 것은, 남이 아닌 나에게 먼저 주어야 한다는 점을 명심하라. 그리고 나의 내면을 차곡차곡 쌓아 나가고, 깊고 풍부한 마음을 갖기 위해 고독을 즐기며 나와 진지하게 대화하는 시간을 가져 보아야 한다. 이를 통해 나만의 삶, 나만의 인간관계에 대한 해답을 찾을 수 있을 것이다.

우리가 살아가는 삶은 결국 스스로 만들어가는 것이다. 사람의 성격은 얼굴에서 드러나고, 생활 습관은 체형에 나타나며, 진심은 태도에서, 감정은 음성에서 보인다고 한다. 즉, 내면이 충만한 사람은 그 내면의 풍요가 자연스럽게 겉으로 드러나는 것이다.

이런 이유로, 우리는 외부의 기준이 아니라, 자신만의 기준에 따라 살아가는 것이 중요하다. 그러므로 이제는 나를 위한 삶을 살며, 진정으로 내 삶의 방향을 설정해보는 시간을 가져야 할 때이다.

내가 나를 사랑하고, 나를 위해서라면 귀찮은 수고를 기꺼이 감수하는 삶을 살아보는 것, 그것이 우리가 진정 원하는 행복에 한 발 더 가까워지는 길일 것이다.

자신을 사랑하는 것이 진정한 행복의 시작이라면, 나를 돌보는 일은 단순히 개인의 삶을 개선하는 것 이상의 의미를 지닌다. 이는 나뿐만 아니라, 내가 관계하는 모든 이들에게 긍정적인 영향을 미칠 수 있는 시작점이기도 하다.

내가 나를 사랑하고 소중히 여기기 시작하면, 자연스럽게 주변 사람들도 그 사랑을 느끼게 되고, 서로의 관계는 더 깊어질 수 있다. 그러므로, 나를 돌보는 일이 귀찮은 일이 아니라, 나와 주변을 위한 투자라는 점을 잊지 말아야 한다.

결국, 삶은 자기 자신과의 대화에서 시작된다. 나를 위한 선택과 행동은 내가 원하는 방향으로 나아가는 데 필요한 발판이 된다. 일상 속에서 스스로에게 긍정적인 질문을 던지고, 그 답을 찾아가는 과정을 통해 내 삶을 설계하는 것은 매우 중요한 작업이다.

그러니 오늘부터라도 스스로를 위한 작은 결정을 내리며, 그 실천을 통해 나를 진정으로 사랑하는 삶을 시작해보아라. 그 과정 속에서 귀찮음이 아닌 진정한 기쁨을 발견하게 될 것이다. 나를 사랑하는 것이 곧 나의 삶을 사랑하는 것이고, 이는 우리가 원하는 행복을 만들어가는 가장 확실한 방법이다.

스스로를 진심으로 사랑하는 것은 결국 자신을 있는 그대로 받아들이고, 자신에게 필요한 것을 기꺼이 제공하는 과정이다. 이러한 사랑은 그저 나를 위로하는 따뜻한 말에 그치지 않고, 내가 필요로 하는 행동을 통해 자신을 채워가는 데에 더 큰 의미가 있다.

내가 나를 위해 준비한 도시락, 피곤한 몸을 이끌고도 꾸준히 하는 운동, 일상에서 챙기는 작은 습관들이 나를 위한 사랑의 표현이다.

우리는 종종 사랑을 누군가에게 줄 때 희생과 배려의 가치를 강조하지만, 자기 자신에 대한 사랑에서도 그 같은 노력이 필요하다. 특히 내가 나를 위해 보내는 시간은 단순한 휴식 이상의 의미를 지닌다.

나 자신에게 투자하는 시간이 쌓일수록, 나는 스스로를 더 깊이 이해하고 진정으로 내가 원하는 삶이 무엇인지에 대해 명확히 알아갈 수 있게 된다. 이 과정에서 불필요한 걱정과 외부의 시선을 의식하는 일이 점점 줄어들고, 내 삶을 더욱 풍요롭고 온전하게 만들어줄 자신만의 가치를 발견하게 된다.

진정으로 나를 사랑하기 위해서는 나와의 진지한 대화를 통한 자기 탐구가 필수적이다. 매일 아침, 하루의 시작을 "오늘 나는 무엇을 위해 이 시간을 쓸 것인가?"라는 질문과 함께 시작하는 것이다.

스스로와 대화하며 원하는 삶의 방향을 점검하는 과정은 끊임없는 자기 성장의 원동력이 된다. 내가 무엇을 좋아하고,

어디에 열정을 쏟고 싶은지에 대해 스스로 묻는 과정은 점점 더 명확한 목표와 비전을 만들어준다.

나 자신을 위해 이런 시간을 들이고 애쓰는 것은 단순히 나만의 행복을 위한 것이 아니라, 내가 만나는 사람들에게도 긍정적인 변화를 가져온다. 내가 스스로를 잘 돌보는 만큼, 다른 사람을 배려하고 이해할 여유가 생긴다.

나 자신이 먼저 충분히 채워져 있을 때, 우리는 타인과의 관계에서도 건강하고 안정된 모습을 유지할 수 있다. 이런 이유로, 나를 먼저 사랑하는 것은 나를 위한 일이자 타인을 위한 일이기도 하다.

내 삶을 풍요롭게 만들기 위해서는 내가 중요하게 생각하는 가치를 기반으로 하루하루를 채워가는 것이 중요하다. 쇼펜하우어가 말했던 것처럼 "가장 좋은 것을 나에게 먼저 줘라"는 말은 물질적인 보상을 넘어, 스스로의 삶에 진정한 의미와 행복을 부여하는 일이다.

나에게 소중한 것은 무엇인지, 어떤 것을 통해 행복을 느끼는지를 알아가는 과정에서 우리는 비로소 나를 존중하는 삶의 방식을 배워갈 수 있다. 이는 단순히 외부의 인정이나 성공이 아닌, 스스로의 내면에서 오는 충만감과 평온함을 바탕으로 한 삶의 방식이다.

자기 자신과의 관계를 돈독히 하고 이를 실천하는 과정에서 우리는 때로 어려움을 느낄 수도 있다. 특히 바쁜 현대인의 삶에서 자신을 돌보고 사랑하는 일은 우선순위에서 밀려나기 쉽다. 하지만 귀찮고 힘든 과정을 견디며 나를 위한 시간을 확보하는 것은 결코 사소한 일이 아니다.

그 과정에서 쌓이는 작은 변화와 성취감은 점점 더 큰 동기가 되어 자신을 돌보는 일을 지속하게 만들어준다. 매일의 작은 실천과 노력은 결국 자신을 돌보는 삶으로 이어지며, 우리의 내면을 고요하고도 충만하게 채워준다.

우리는 때로 주변의 기대와 사회적 압박으로 인해 외부의 기준에 따라 행동하고, 자신을 과소평가하거나 지나치게 비판하곤 한다. 그러나 진정으로 나를 사랑하고 존중하기 위해서는 나만의 기준을 세우는 것이 필요하다. 외부의 잣대가 아닌 나의 신념과 가치를 중심으로 삶을 계획할 때, 우리는 더 큰 자율성과 자신감을 얻을 수 있다.

내가 나를 먼저 존중하고 사랑할 때, 주변의 시선에 흔들리지 않고 온전한 나로서 살아갈 수 있다. 진정으로 나를 사랑하기 위해서는 나만의 기준을 세우고, 그것을 실천해 나가는 일에 용기를 가져야 한다.

결국, 스스로를 사랑하는 일이란 단순히 긍정적인 마음가짐을 가지는 것에 그치지 않고, 나 자신을 위해 구체적인 실천을 해 나가는 것이다.

내가 나를 위해 준비한 작은 노력들이 쌓일수록, 우리는 자신에게 더 큰 애정을 갖고 삶을 향한 긍정적인 태도를 유지할 수 있다. 이런 과정에서 우리는 스스로를 진정으로 사랑하고 있음을 느끼게 되고, 나아가 내가 원하는 행복한 삶을 실현할 수 있는 가능성을 발견하게 된다.

오늘부터라도 나를 사랑하는 실천을 시작해 보자. 귀찮고 번거로울지라도 내 몸과 마음을 위한 작은 노력을 꾸준히 이어가면서, 진정한 행복의 길을 스스로 열어가 보자. 그런 사랑이 쌓일 때, 우리는 나 자신뿐 아니라 주변 사람들에게도 좋은 영향을 미치는 존재가 될 수 있다. 내가 스스로에게 주는 사랑은 결국 주변에 있는 사람들에게도 전달되며, 우리의 관계는 더 깊고 건강하게 성장할 것이다.

스스로를 아끼고 돌보는 일은 자기 자신에게 주는 가장 큰 선물이다. 나의 내면을 풍요롭게 하고, 진정한 나로서 세상을 살아가는 삶을 만들어 가자. 매일 아침 나를 위해 작은 결심을 하고, 그것을 실천으로 이어갈 때, 우리는 조금씩 이상적인 나에 가까워질 것이다.

이러한 삶을 통해 우리는 비로소 스스로에게 깊은 애정을 느끼게 되고, 그 애정이 우리의 삶을 더욱 충만하게 만들어 줄 것이다.

부록

부록의 글은 저자가 2021년 출판한 책 〈마음속 요정과 도깨비〉에서 발췌했다. 독자들에게 한 번 더 읽히고 싶은 마음에 이 책의 주제와 일맥상통하는 몇 편의 글을 발췌하여 부록으로 편성하여 싣는다.

부록 1

오른쪽과 왼쪽

/

마음 가는 길은
죽 곧은 길

/

호소다 마모루 감독의 〈시간을 달리는 소녀〉라는 일본 애니메이션 영화는 우리나라에서도 매우 유명해졌던 영화인데 학창 시절의 섬세한 감정들을 잘 다루었던 영화이다. 평범한 소녀 마코토는 우연히 과학실에서 넘어진 이후 원하는 시간대로 돌아갈 수 있는 능력이 생긴다. 자신에게 생긴 이 능력을 이용해서 마코토는 일상 속의 작은 것들을 시간을 돌아가서 즐기며 시간을 보내는데, 너무나도 사소한 목적을 위해 시간을 되돌린 탓에 온갖 부작용들이 생겨난다.

친구인 치아키의 갑작스러운 고백에 그와 친구처럼 지내고 싶은 마코토는 시간을 돌려 그를 거절하고, 마코토가 지금의 현실을 바꾸기 위해 시간을 돌릴수록 모든 것들이 뒤죽박죽 엉키게 되고 사고로 친구를 잃게 되는 일까지 벌어진다.

자신의 선택으로 시간을 되돌려 선택을 바꿀수록 자신이 예상하지 못한 방향으로 결과들이 나타나면서, 주인공이 후회하고 후회를 되돌리기 위해 시간을 되돌려 다시 다른 선택을 한다고 해도 세상은 주인공의 생각처럼 단순하게 바뀌지 않는다는 것을 알게 된다.

우리가 살아가는 세상은 혼자서 살아가는 것이 아니므로 나의 시간을 되돌려 후회스러운 그 순간의 선택을 지울 수 있다고 해도, 그 선택으로 인해 나와 관계되었던 많은 이들의 과거가 바뀌기 때문에 마코토의 생각대로 현재가 바뀌지 않았듯 우리의 지금도 과거의 내가 예측한 대로만 흘러가지는 않는다.

영화 속 명대사인 "시간은 아무도 기다려주지 않는다."처럼 우리가 선택하지 않은 시간은 절대 우리를 기다려주지도, 되돌아오지 않는다. 되돌아오지 못할 이 시간을 우리는 후회로 기억할 것인가? 올바른 선택으로 기억할 것인가?

올바른 선택의 의미

올바르다는 것에 대한 나의 기준은 무엇인가

　어린 시절 우리가 읽었던 동화책 속에는 나쁜 짓을 한 이들에게는 언젠가 후회할 만큼 벌을 내려주기도 하고, 착한 일을 한 이들에게는 꼭 행복한 일들이 찾아온다는 권선징악의 메시지가 많이 담겨 있었다. 동화책들 속 주인공들은 우리에게 때론 교훈을 주기도 하고, 때로는 하지 말아야 할 행동에 대해 알려주기도 하며 다양한 메시지들을 포함하고 있었기 때문에 우리는 동화책을 읽으며 자연스럽게 동화 속 내용이 주고자 하는 메시지를 배울 수 있었다.

　누구나 들어봤을 법한 전래동화인 흥부와 놀부 이야기에

서도 흥부는 다리를 다친 제비를 그냥 외면하지 않고, 따뜻한 마음씨로 제비의 다리를 고쳐주고, 흥부의 따뜻한 마음에 보답하기 위해 제비는 박씨를 물어다 주어 가난했던 흥부네 가족은 박에서 나온 금은보화로 행복한 삶을 살게 된다. 마치 흥부의 따뜻한 마음씨가 어떤 결과로 나타나는지를 통해 우리는 선한 영향력에 대해 배울 수 있었다. 반대로 놀부는 가난한 동생의 도움을 외면하고 온갖 못된 행동들을 일삼는 나쁜 짓을 하는 이의 대명사로, 놀부처럼 심술궂은 마음씨를 가지면 언젠가는 꼭 혼쭐이 난다는 교훈을 통해 놀부처럼 행동하는 것은 하지 말아야 할 행동임을 배울 수 있었다. 동화 속 인물들을 통해 선과 악, 옳은 것과 그른 것을 우리는 자연스럽게 생각해볼 수 있었던 것이다.

우리는 살아가면서 많은 사람과 만나고, 관계를 맺으면서 살아가기 때문에 사람들과의 다양한 관계만큼이나 다양한 의견들이 있고, 서로 다른 생각과 가치관으로 때로는 부딪치기도 하고 때로는 생각과 가치관이 바뀌기도 하며, 서서히 자신만의 기준을 형성해 나간다. 이 과정에서 우리는 옳다 / 그르다 / 같다 / 다르다 / 맞다 / 틀리다와 같은 다양한 기준들에 대해 경험을 통해 자신만의 기준을 하나하나 만들어가기도 한다.

사람은 누구나 옳은 선택을 하고 싶어 한다. 하지만 사람마다, 처해 있는 상황에 따라, 그리고 지금까지 살아온 경험에 따라 옳다는 것의 기준은 모두가 다를 수 있다. 예를 들어 유명한 히어로물 영화인 〈어벤져스〉의 한 장면을 생각해보자. 절대적 힘을 가진 악당인 타노스가 등장한다. 타노스는 온 우주를 위해서는 자신이 지금 행하고자 하는 일이 옳다고 생각하기 때문에 최선을 다해 그 일을 해내고자 한다. 반대로 지구의 히어로인 어벤져스는 타노스의 생각이 옳지 않다고 생각하기 때문에 타노스를 저지하기 위해 온 힘을 다해 맞서 싸운다. 마치 선과 악의 대결처럼 보이지만 결국 무엇이 옳은가에 대한 서로의 기준이 다른 것이라는 생각을 하기도 한다. 그리고 다른 한 편으로 나는 이 영화 속의 주인공들처럼 무엇을 위해 '옳다'라고 하는 것에 대해 나만의 기준을 가졌는지 생각하게 한다.

흥부와 놀부 이야기를 읽으며 무조건 흥부는 착한 사람, 놀부는 나쁜 사람이라고 생각했던 어린 시절과 다르게 나이가 들어가면서 과연 정말 흥부는 착하기만 한 사람일까? 놀부는 나쁘기만 한 사람일까? 라는 의문을 가지기도 하면서, 무엇이 옳고 그른 것인가에 대해 모두가 말하는 옳음과 다른 사람들이 나에게 가르쳐주는 옳음이 아닌, 나 스스로가 옳다고 생각하는 기준에 대해 나는 어떤 생각을 하고 있는지, 나는 스스로에 대해 잘 알고 있는지 생각해볼 필요가 있다.

올바른 것에 대한 나의 기준을 생각할 때, 나 하나만 생각할 수는 없다. 가족, 친구, 동료, 선후배, 나와 함께 살아가고 있는 내 주변의 사람들과의 관계 속에서 살아가고 있기에 우리는 나의 올바름에 대한 기준이 나를 둘러싼 우리의 올바름인가? 나와 우리의 올바름에 대한 기준으로 누군가 불편하거나 힘들어하지는 않는가? 주변을 살펴야 할 필요가 있다. 올바름에 대한 나만의 기준을 세운다는 것은 결국 우리가 함께 살아가는 세상에서 무엇을 고민할 것인가, 무엇을 위해 선택할 것인가, 그 선택의 책임을 온전히 짊어질 수 있는가에 대한 확고한 신념을 지닌다는 것을 의미하는지도 모르겠다. 나에게 올바른 것은 나 스스로가 부끄럽지 않도록 올곧게 설 수 있는 선택이자 우리가 모두 함께 옳다고 여기는 길을 위해 행동할 수 있다. 속으로만 올바르기 위해 노력하는 것은 의미가 없다. 올바르다고 생각하는 선택을 위해 직접 행동할 수 있는가, 나와 우리가 함께 그렇게 해야 한다고 우리 모두를 설득하고 응원할 수 있는가, 우리가 함께 올바른 선택을 위해 행동할 수 있는지는 나에게 올바름의 기준이 되어준다.

삶을 살아간다는 것은 매 순간의 선택들을 마주한다는 것이다

우리의 앞에는 모두가 제각기 자신만의 길이 있다. 내가 원하는 길일 수도 있고, 내가 원하지 않는 길일 수도 있다. 울퉁불퉁한 길도, 고불고불한 길도, 곧게 뻗은 길도 있으며 나의 의지로 선택하여 걷는 길을 걷고 있는 이도 있고, 나의 의지와는 상관없이 그저 앞만 보고 걷는 이들도 있을 것이다. 사람마다 내가 지금 걷고 있는 내 앞에 놓인 이 길이 어디를 향하고 있는 길인지, 이 길의 끝에는 무엇이 있는지 신이 아닌 이상 정확하게 알 수는 없다. 그런데도 우리가 내 앞에 놓인 길을 열심히 걸어가는 이유는 아마도 이 길의 끝에 무엇이 기다리고 있을지에 대한 희망 때문일 것이다. 내가 걷고 있는 이 길이 정말 나의 길인지 자신 있게 대답할 수 있는 사람은 많지 않다. 이 길이 정말 올바른 길인지, 이 길의 끝에 내가 바라는 나의 목표가 기다리고 있을 것인지, 그 누구도 자신할 수는 없지만, 우리 모두에게 확실한 길은 그 누구도 알 수 없기에, 그렇다고 믿으며 걷고 또 걷고 있는지도 모른다.

한 번 들어선 길이, 내가 걷기 시작한 길이 반듯한 외길이라면, 캄캄한 밤에도 저 멀리 길 끝이 향하는 곳까지 가로등이 훤히 비춰주는 길이라면 우리는 이 길에 대한 의심과 고민 없이, 가로등 불빛 아래에서 한걸음, 한걸음 천천히 걸어가면 될 것이다. 하지만 우리 앞에 놓인 길은 굴곡 없이 평탄하기만 한 길도 아니고, 그 길을 비추는 가로등도 없으므로 이 길의 끝에 무엇이 있을지 모르지만 내 두 다리를 믿고 걸어가 보는 수밖에 없다. 천천히 내 앞에 놓인 길을 따라 걷다 보면 갈림길을 만나게 된다. 그 갈림길은 두 개일 수도, 열 개일 수도 있는 다양한 선택지 안에서 우리는 어떤 선택을 할지 늘 고민하고 이 선택의 결과가 어떻게 나타날지에 대해 늘 생각하면서 선택을 하게 된다. 나의 앞에 놓인 선택의 갈림길은 인생에서 너무나 중요한 선택일 수도 있고, 너무나 심각해 보이지만 결국엔 너무나 사소한 것이었을지도 모를 그런 선택들도 있다. 우리는 모두 인생을 살아가면서 매 순간 이런 많은 선택 앞에 놓이며 어떤 선택을 해야 조금이나마 덜 후회하는 방향으로 선택하게 될지 고민하며 살아간다.

　선택의 갈림길에서 우리는 스스로 한 선택에 왜 후회라는 것을 하게 될까? 그것은 아마도 앞서 이야기한 것처럼 우리는 혼자 살아가는 존재가 아니기에 누군가와 함께 살아가는 존재들이기에 내 선택의 결과가 나에게만 영향을 미치는 것이 아니기 때문이 아닐까. 스스로에게는 올바른 선택이라 믿은 결정이 타인에게 어떤 영향을 미치는지에 따라 그 선택은 올바른 선택이 아닐 수 있는 상황도 생길 수 있다. 영화 어벤져스의 주인공인 타노스의 선택이 스스로에게는 올바른 선택이라 믿었지만 다른 이들에게는 올바른 선택으로 받아들여지지 않았듯이 올바른 선택이라 믿고 결정한 선택들이 반드시 후회 없는 선택일 수만은 없는 것이다. 물론 우리가 하는 모든 선택에는 후회가 없는 선택은 없다. 본래 인간은 가지 않은 길에 대한 미련과 내가 갖지 못한 다른 것이 더 커 보이는 법이기에 우리는 늘 내가 선택한 것에 대해, 그리고 선택하지 않은 다른 선택지들에 대해 후회를 할 수밖에 없다. 하지만 올바른 선택에 대한 후회와 올바르지 않은 선택에 대한 후회는 크기가 다른 것이다. 그래서 매 순간 선택의 갈림길에서 더 후회가 적은 선택을 하기 위해서는 그 선택이 올바른 선택이라는 믿음이 필요한 것이다.

이 선택에 관한 판단은 시간이 해줄 것이다

　우리가 살아가면서 하고 싶은 모든 일을 할 수 있고, 가지고 싶은 것들, 먹고 싶은 것들을 모두 선택할 수 있다면 선택에 대한 후회가 없을 것이기에 우리는 매 선택의 순간 고민을 할 필요가 없다. 하지만 우리는 모두에게 공평하게 주어진 유한한 시간 안에서 하고 싶은 일들을 하고 먹고 싶은 것, 가지고 싶은 것들을 선택하기 위해 일정 시간을 일하고, 유한한 시간을 후회 없이 보낼 수 있게 하려고 시간을 분배하여 선택하게 된다. 매 순간 크고 작은 선택의 갈림길에서 나를 위한, 나와 우리의 행복을 위한 선택들을 하면서 살아가다 보면 선택한 결과에 따라 내가 살아가는 방향이 바뀌기도 하고 삶의 질과 색이 달라지기도 한다.

　어린 시절 작은 것 하나에도 설렘을 느낄 수 있고, 동네 골목길에서 항상 나를 기다려주는 친구들과의 시간으로도 너무나 행복했던 시간을 떠올리면 내가 선택할 수 있거나 선택해야만 하는 것들이 많지 않았다. 그 시절의 우리가 선택해야 할 것이라고는 오늘은 무엇을 하면서, 어디에서 놀까? 오늘은 누구네 집에서 놀까? 오늘 하루를 재밌게 놀기 위해 숙제를 먼저 할까? 놀고 와서 할까? 정도의 선택이었을 것이다. 그 시절의 선택이 쉬울 수 있었던 것은 나의 선택으로 누군가를 불편하게 하는 일은 없을 것이기 때문이다. 그 시절의 선택에서 후회할 것이라고는 숙제를 다 하고 놀았더라면 밤늦게까지 졸린 눈을 비비며 숙제를 하지 않아도 되었을 텐데, 하는 정도일 것이다. 나이가 들어가면서 해야 할 선택들은 많아지고 선택의 갈림길에서 고려해야 할 변수들이 더욱 많아지는 것을 느꼈을 때 이제 나의 선택은 후회와 미련이라는 것을 계산해야 하는 선택이 되었다. 학창 시절에는 해야 할 공부와 친구들과의 시간, 그리고 하고 싶은 일과 해야 할 일들 사이에서의 선택들을 마주하면서 나만을 생각하는 것이 아니라 나의 선택으로 변화하는 내 주변과의 관계를 신경 써야 했다. 사회인이 되어 내 주변의 사람들과의 관계가 늘어난다는 것은 점차 내 선택으로 인해 영향을 받는 사람들도 늘어난다는 것을 의미했기에, 나이가 들수록 선택은 점점 신중해지고, 내가 한 선택에 대해 되돌아보는 일들이 늘어나기도 했다.

나의 선택의 결과는 항상 내가 의도한 대로 나타나 주는 것은 아니다. 어떤 때에는 내가 의도한 것보다 좋은 결과로 나타나기도 하고, 내가 의도한 것과는 전혀 다른 결과로 나타나 당황하게 하기도 한다. 의도와 다른 결과들은 예상하지 못한 일들과 합쳐져서 우리를 힘들게 만들기도 하고, 때로는 예상치 못한 행복이 배가 되어 찾아오기도 한다. 그럴 때 내가 선택한 결정의 기준이 올바른 것이라면 나의 올바른 선택의 결과가 예상하지 못한 결과로 우리에게 돌아온다면, 나는 과연 어떤 마음으로 이 상황을 바라보게 될까. 나의 선택이 의도와는 다른 결과로 나를 힘들게 하는 상황들이 벌어진다면, 우리는 그 선택을 후회하거나 더욱 신중하게 결정하지 못했음을 자책할 수도 있다. 하지만 그런 순간에도 내가 선택한 기준이 올바른 것이었다면 비록 선택의 결과가 긍정적이지 않더라도 너무 자책하거나 후회를 하는 것이 조금은 덜 하지 않을까 생각해본다. 반대로 나의 올바른 선택으로 예상하지 못한 더 큰 긍정적인 결과가 우리를 찾아온다면, 아마도 다른 많은 선택의 갈림길들에서 올바른 나와 우리의 기준으로 선택할 때 조금 더 당당하고 자신감 있게 결정할 힘이 되어 주는 좋은 경험이 되어줄 것이다. 수많은 선택의 갈림길에서 내가 선택한 것이 올바른 길이라는 생각과 자신감은 그 선택의 결과가 설사 진흙탕일지라도 다시 털고 일어나 새로운 출발을 할 수 있는 원동력이 되어주고, 반짝거리는 꽃길을 만났을 때는 가벼운 발걸음으로 행복한 기분과 설렘을 느낄 수 있을 것이다.

/

후회하지 않는 사람은 없다

/

가보지 않은 길은 더 아름다워 보이기도 한다

한때 모 과자 회사의 특정 과자가 맛있다는 소문이 나면서 수요보다 공급량이 적어서 그 과자를 구하기 위한 열풍을 일으킨 적이 있었다. 일명 허니 시리즈 열풍으로 그 과자를 구하기 위해 슈퍼마켓과 편의점, 대형마트를 뒤지면서 열정적으로 노력하는 이들이 있었고, 인터넷상에서도 해당 과자를 구하기 위해 많은 사람이 허니 시리즈에 열광했던 적이 있었다. 지금은 물론 해당 과자의 공급량이 늘었고, 이전처럼 그 과자를 구하고자 하는 수요가 폭발적이지 않아서 시중에서도 너무나 쉽게 구할 수 있는 과자가 되었지만, 그 당시 그 과자를 구하기 위해 줄을 서는 장사진이 이루어질 만큼 진귀한 풍경이 나타나기도 했었다. 잠시였지만 이전에는 볼 수 없었던 폭발적인 수요를 끌어낸 그 과자의 인기 요인은 무엇일까 생각해보면, 아마도 나는 아직 먹어보지 못한 그 과자에 대한 궁금증을 유발할 수 있는 무엇인가가 아니었을까 생각해본다. 물론 그 과자를 먹어본 사람들의 입소문을 통해 그 과자가 맛있다더라, 하는 소문이 나기 시작했겠지만, 아직 그 과자를 먹어보지 않은 사람들이 그 과자에 대한 판타지를 가졌기 때문에 그 과자에 대한 수요가 폭발적으로 발생한 것이 아닐까 생각해본다. 쉽게 구할 수 있었다면 금방 가라앉을 수도 있었던 호기심이 갑작스럽게 폭발한 수요에 공급량이 따라가지 못해서 쉽게 구할 수 없게 되면서 남들은 먹어봤지만, 아직 나는 먹어보지 못한 미지의 그 과자에 대한 궁금증을 배가 되게 하였고, 남들도 다 구하고자 한다는 것을 알게 되면서 아직 먹어보지 않은 그 과자의 매력이 점차 고조되었을 것이리라. 너무나 가지고 싶었거나 너무나 먹고 싶었던 것을 손에 얻어 직접 대면하게 되면, 대면하기 전까지 홀로 키워오던 기대감이 최고조에 달했기 때문에 만족감은 더 커질 수 있다. 반대로 기대했던 것만큼 만족스럽지 않을 때는 그 실망감이 더 커지기도 한다.

우리는 살아가면서 수없이 많은 선택의 갈림길들을 마주하고, 그 갈림길에서 내가 선택한 길을 따라 걸으면서도 인간인지라 어쩔 수 없이 선택하지 않은 다른 길에 대한 호기심을 떨쳐버릴 수 없다. 만약 그때 이 길이 아닌 다른 길을 선택했었더라면 혹시 지금보다 더 나은 결과가 나타나지는 않았을까? 하는 생각을 하게 되는 것은 자연스러운 일이다. 이미 지나가 버린 일들에 대한 선택일지라도 시간이 흐른 후 내가 한 선택이 아닌 다른 선택을 한 이들이 더 나은 결과를 나타낼 경우 마치 나는 아직 먹어보지 못했지만, 누군가 먹어본 사람들이 맛있더라는 이야기를 해줄 때 그 과자에 대한 기대감과 매력이 커졌듯이 내가 선택하지 않은 다른 길은 가보지 못했기 때문에 우리에게 더 좋은 선택은 아니었을까, 하는 미련이 커지게 한다.

　결국, 다른 선택으로 가보지 않은 그 길이 지금 내가 걷고 있는 이 길보다 나은 길처럼 보일 때 우리는 지난 선택에 대해 후회하게 될지도 모른다. 마치 지난 선택의 갈림길에 섰던 그곳을 되돌아보며 지금 선택하여 걷고 있는 이 길에서 단점만 보려 하는 것처럼 말이다. 지금 내가 걷고 있는 내가 선택한 길의 장점보다 선택하지 않은 길의 장점이 커 보일 수는 있다. 남의 떡이 크게 보이듯이 원래 갖지 못한 것, 가보지 않은 길의 장점은 내가 지금 누리고 있는 것보다 크게 보일 수 있다. 하지만, 우리는 그 길은 가보지 않았기에 그 길을 선택했을 때의 단점은 정확하게 알기 어렵다. 언제나 우리가 의도한 대로만 모든 결과가 나타나지는 않듯이 지금은 선택하지 않은 그 길을 그때 선택하였다고 해도 지금 보이는 것처럼 장점만 보이지는 않을 것이다. 모든 일은 우리의 의도와는 다르게 나타나기도 하고, 전혀 생각하지 못한 변수가 나타나기도 하며, 보이는 것이 다가 아닐 수도 있는 것이 인생이기 때문이다. 그렇기에 그 일이 우리의 인생에서 사소한 문제이든 엄청나게 중요한 문제이든, 결국 인생에서 마주하는 모든 선택은 후회가 남을 수밖에 없다.

백 투 더 퓨처 – 과거로 돌아가시겠습니까?

모든 인간은 선택의 연속인 삶을 살아가면서 크고 작은 후회들을 하면서 살아갈 수밖에 없다. 그렇기에 우리가 마주하게 되는 이 후회들을 통해 우리는 무엇을 느끼고, 무엇을 생각하면서 살아가야 할까. 선택의 순간마다 우리가 가질 수 있는 이 후회들에 매몰되어 되돌릴 수도 없는 지나간 시간들을 바라보며 후회를 눈덩이처럼 키워가기만 할 것인가. 아니면 지나간 선택에 대한 후회를 통해 다음 선택의 갈림길에서는 한 뼘이라도 더 성숙한 결정으로 후회를 최소화하기 위해 노력할 것인가.

'솥뚜껑 보고 놀란 가슴 자라 보고 놀란다.'는 옛 속담이 있다. 이미 한 번 겪은 일을 또 마주했을 때 지난번 후회 때문에 선택을 망설이거나 두려워하게 된다면 우리는 후회 때문에 앞으로 한 발자국 걸어나가지 못하는 소심한 사람이 될 수 있다. 앞서 이야기했던 것처럼 모든 선택의 순간은 크고 작은 후회들을 남길 수밖에 없는데 그 후회의 순간들이 두려워 앞으로 나아가지 못한다면, 정작 두려워해야 할 것은 그 후회가 아닌 후회로 인해 앞으로 나아가지 못하는 나 자신이 되어버릴 것이다. 그렇다면 그 상황을 마주했을 때 우리는 어떤 모습으로 새로운 선택을 해야 할까. 지나간 선택들에서 받은 상처와 두려움은, 그로 인해 남겨진 후회는 우리로 하여금 새로운 도전과 가능성을 선택하기보다는 안전하게, 다시는 후회하지 않을 선택만을 하도록 만들지도 모른다. 물론 안전한 선택을 하는 것이 나쁘다는 것은 아니다. 하지만 모든 선택의 순간에 안전하기만 한 선택을 하는 것은 결코 바람직한 일은 아닐 것이다. 우리는 살아가면서 많은 순간에서 새로운 것에 도전하고, 확실하지 않아도 가능성에 투자하여 변화를 위해 노력하는 순간들이 필요하다. 이런 도전과 가능성이 세상을 변화시키고 한 걸음 더 앞으로 나아갈 수 있도록 하기도 한다. 그렇기에 아무도 새로운 변화 가능성에 도전하지 않는다면 우리가 살아가는 세상은 고인 물이 썩어가듯이 변화하지 못하고 그저 고여서 침전할 뿐인 곳이 될 것이다.

만약 영화 백 투 더 퓨처의 한 장면처럼 내가 너무나 후회하는 과거, 선택의 순간으로 돌아가게 된다면 나는 어떤 것을 하고 싶을까 생각해본다. 앞서 이야기한 것처럼 내가 선택하지 않은 다른 길 위에는 어떤 것들이 기다리고 있을지는 아무도 모른다. 그렇기에 그 순간으로 돌아간다고 해도 나는 아마 그 선택을 바꾸도록 하지는 않을 것 같다. 다만 지금은 후회로 남은 선택의 순간 앞에 마주한 그때의 나에게 묻고 싶은 말은 있다. "지금 네가 하는 이 선택이 올바른 선택이라고 확신하니? 이 선택을 했을 때 너와 너를 사랑하는, 그리고 네가 사랑하는 사람들을 위해 더 좋은 길이라고 생각하니?" 이 질문에 대한 대답을 해주는 그때의 내가 "당연하지!"라고 대답해 준다면, 나에게는 과거로의 시간여행을 할 수 있던 기회의 가치는 충분한 것이 될 것이다. 그리고 비록 후회는 할지언정 지금도 그때의 선택을 원망하거나 너무 큰 후회를 하지는 않게 될 것이다. 왜냐하면, 그때의 나는 분명 올바른 선택이라고 믿고 선택한 결과이기 때문이다.

그 후회는 나를 바꿔줄 값진 교훈이 되어준다

인간은 살아가면서 학교에서 가르쳐 주는 지식만 배우는 것이 아니다. 아이 하나를 키우기 위해 마을공동체 하나가 필요하다는 말이 있을 만큼 우리는 살아가면서 마을의 어르신들께서 무엇인가를 가르쳐 주려고 애쓰지 않으셔도 그분들이 살아가는 모습을 보면서도 배울 것이 있고, 지나가는 꼬마 아이의 모습에서도 배울 것이 있다. 그리고 나 스스로에게서도 인생을 살아가면서 많은 것들을 배우면서 살아가게 된다. 삶을 살아가면서 마주하게 되는 수많은 선택의 크고 작은 후회들은 우리에게 그저 미련으로만 남는 것이 아니라 이 후회를 통해 앞으로의 선택들에서는 어떤 것들을 더 고려하고 어떻게 더 성숙한 마음으로 선택할 수 있을 것인가에 대해 배울 수 있다. 선택의 순간에는 분명 올바른 선택이라고 생각했던 결정도 시간이 지나고 그렇지 않을 수도 있는 결정들이 있다. 다른 변수들을 고려하지 못해서 올바르지 못한 결정이 되어버린 지난 후회하는 선택들을 우리는 실수라고 부르기도 한다. 인간은 완벽할 수 없기에 실수도 할 수 있고, 그로 인해 후회하기도 한다. 그리고 인간은 끊임없이 발전하고 앞으로 나아갈 수 있기에 지나간 후회와 실수를 통해 배우고 발전할 수 있다.

　이미 지나가 버린 일이라고 하더라도 분명 어떤 일들은 실수라고 생각한대도 뼈저리게 아프다는 말로 표현할 수 없을 만큼 큰 후회들을 남기기도 한다. 그런 실수들을 겪었다고 해서 다음에는 절대 그런 실수를 반복하지 말아야지, 하는 다짐을 하더라도 인간은 망각의 동물이기 때문에 또 같은 실수를 반복하고 아파하고 상처받으면서 조금씩은 성장해나간다. 결국, 내가 선택한 결과로 받은 상처와 그로 인한 후회들을 받아들일 수밖에 없다. 이러한 사실들을 머리로는 이해하고 받아들인다고 해도 너무나 큰 상처로 남을 후회들은 쉽게 잊기는 어려운 것도 사실이다. 몸에 생긴 작은 상처는 연고를 발라주고 반창고를 붙여 놓으면 처음엔 그 작은 상처 하나가 너무나 신경 쓰일 만큼 아프게 느껴지다가도 어느새 벌써 아물어 버렸을 만큼 시간은 상처를 잊게 하는 연고가 되어주기도 한다. 하지만 너무나 크게 생긴 상처는 낫는다 해도 흉터가 생기기도 하고 그 후유증이 남기도 하는 만큼 우리 몸과 마음에 깊은 후회를 각인시키기도 한다. 이 각인과 흉터들을 보면서 우리는 어떤 생각과 고민을 하고 앞으로 마주하게 될 선택의 순간들을 대처해야 할까. 아직 완전히 낫지 않은 상처는 시간이 지났어도 여전히 아픔을 동반할 수 있듯이 후회로 남은 선택들은 여전히 앞으로의 일들에도 영향을 미칠 수 있다. 하지만 이 후회를 통해 우리가 배운 것은 분명히 있을 것이고, 아무리 큰 상처라고 하더라도 시간이 흐를수록 분명히 조금씩 나아진다는 것, 아물어 간다는 것을 우리는 배웠을 것이다. 그렇기에 우리는 새로운 선택의 갈림길에 또다시 서게 된다고 해도 두려움보다는 내가 선택한 미래에 대한 희망과 가능성이 우리가 도전과 올바른 선택에 대한 믿음을 가질 수 있도록 해줄 것이다.

그런데도 사랑해, 너를 나를 우리를

앞에서는 끌어주고, 뒤에서는 밀어주고

학창 시절 운동회 날이면 모두가 들뜬 마음으로 등교하고 운동장 하늘에 펄럭이는 만국기들을 바라보며 왠지 모르게 긴장되는 마음으로 운동회 시작을 기다렸다. 운동회의 하이 라이트는 누가 뭐라고 해도 이어달리기 계주가 아닐까 싶다. 모두가 달리기 계주 주자의 바통을 쫓아 눈을 움직이고 계주 주자에게 직접 닿지 않을지도 모르건만 목 놓아 우리 팀의 주자를 향해 파이팅을 외쳐대며 진심으로 주자를 응원하다 보면 모두의 목소리는 큰 함성이 되어 운동장 전체를 가득 메우곤 했다. 잘 달리고 있는 주자의 바통을 이어받을 다음 주자는 커지는 함성에 긴장감이 고조되고 혹시나 넘어지지는 않을지, 나 때문에 우리 팀이 지게 되는 것은 아닌지 두근거리는 마음에 긴장으로 온몸에 힘이 잔뜩 들어가게 된다. 바통을 이어받아 열심히 뛰어가던 주자가 자칫 발목을 삐끗하여 넘어진 순간, 뛰는 주자를 쫓던 수백 개의 눈에는 걱정과 안타까움이 가득 담기게 된다. 넘어진 주자는 자신의 실수 때문에 이어달리기 경주에서 지게 되었다는 마음과 우리 편에게 너무나 미안한 마음에 바로 일어나지도 못하고 넘어지면서 다친 다리가 아픈 줄도 모른 채 걱정만 하고 있을 것이다. 또한, 마치 모두가 넘어진 나만 쳐다보면서 왜 넘어져서 우리 팀을 지게 하였는지 비난의 눈으로 나를 바라보고 있을 것 같은 기분에 차마 고개도 들지 못하고 자신의 실수를 원망하고 있을 것이다. 그때 응원석에서 목 놓아 응원하던 누군가가 넘어져서 일어나기 힘든 주자에게 "괜찮아! 괜찮아!"를 외치며 넘어진 채 자신의 실수를 원망하고 있을 주자를 향해 응원의 목소리를 전달하기 시작한다면, 아마도 열심히 달리던 주자를 응원하던 우리 팀 응원석도, 상대편의 응원석도 모두가 한마음으로 넘어져 일어서지 못하고 있는 주자를 향해 응원의 함성을 다시 보내줄 것이다.

자신의 실수로 마치 모든 사람이 나를 원망할 것 같은 마음에 다시 일어설 용기조차 내지 못하고 있던 주자는 자신을 향해 우리 팀도, 상대편 팀도 모두 하나 되어 괜찮다고 응원해주는 목소리에 차갑게만 느껴지던 본인을 향한 차가운 시선이 따뜻한 용기의 눈빛이 되어 자신을 일으켜 세워 주는 것을 느끼고, 바통을 다시 부여잡고 다음 주자를 향해 뛰어갈 힘을 얻게 될 것이다. 넘어졌던 순간 마치 모든 사람의 시선이 자신을 향해 비난할 것 같은 마음에 외롭던 주자는 자신을 향한 모두의 하나 된 마음으로 응원해주는 목소리에 외롭지 않다고 느꼈을 것이다.

우리는 살아가면서 아무리 많이 대비하고 돌다리도 두들겨 보고 건너갈 만큼 매사에 신중하게 선택과 결정을 한다고 해도, 혼자 살아가는 것이 아니므로 예상치 못한 변수는 반드시 존재하고, 그로 인해 항상 모든 일이 내 의지와 예측대로 흘러가지는 않는다는 것을 잘 알고 있다. 그런데도 예상하지 못한 결과에 당황하기도 하고 부딪치고 깨어지기도 하며, 넘어지고 상처를 받기도 한다. 상처와 후회들이 계속될수록 우리는 마치 이어달리기 경주 중에 넘어진 주자처럼 외롭다고 느끼기도 하고 세상 사람들 모두가 나를 힘들게 한다고 생각할 수도 있다. 혼자서만 이겨내야 했다면 쉽게 떨쳐내고 일어나기 힘들었을지도 모를 때 넘어진 주자를 향한 응원의 목소리가 주자를 다시 일어나 뛸 용기를 주었듯이 나를 향한 누군가의 응원하는 목소리는 다시 일어나 뛸 수 있는 용기가 되어줄 것이다.

높은 비탈길을 짐을 싣고 오르는 어르신의 손수레를 보면, 앞에서만 끌다 보면 뒤로 당겨지는 짐의 무게에 앞으로 나아가기 어렵게 느껴지고, 뒤에서만 밀다 보면 앞에서부터 아래로 누르는 짐의 무게에 역시나 앞으로 나아가기 어렵다고 느껴진다. 그럴 때 누군가의 도움의 손길로 앞에서는 수레를 끌고 뒤에서는 수레를 밀어주며 짐의 무게를 나누게 되면 어느새 긴 비탈길을 모두 올라 높은 곳에서 훤히 보이는 아래를 바라보며 미소를 짓고 있을지도 모른다. 우리 앞에 던져지는 수없이 많은 선택의 순간들에 혼자 살아가는 삶이 아니므로 예상과 다른 결과들로 흔들릴 수도, 상처 입을 수도, 후회할 수도 있지만 역시나 혼자 살아가는 삶이 아니므로 그 시간들은 혼자 버텨내야 하는 시간이 아니라 나와 나를 둘러싼 많은 사람이 함께 응원하고 도와가며 함께 이겨내야 하는 시간들이 되어준다. 자신이 선택한 결과로 너무나 힘들어하거나 외로워하고 있는 누군가가 있다면 그 길을 걷는 시간이 지치거나 외롭지 않도록 열심히 걷고 있는 그를 위해 응원과 사랑의 마음을 담아 앞에서는 끌어주고 뒤에서는 밀어주면서 함께 이겨낼 수 있도록 해보자.

과정이 행복하면 결국 결과는 아름다울 수 있다

등산을 하다 보면 산꼭대기는 저기 높은 곳에 있어서 계속 올라가기만 하면 도달할 수 있을 것 같지만, 산의 입구에 들어서면 산 정상에 오르기까지 오르막길도 있고 내리막길도 있고, 평탄한 길이 계속될 것 같다가도 아찔한 오르막이 나타나기도 한다. 산 정상에 오르기 위해 낮은 산은 두 시간에서부터 설악산이나 지리산처럼 높은 산은 8~10시간에 걸쳐 올라가며 등산을 해야만 도달할 수 있다. 그렇게 힘들게 올라간 산 정상에서 우리는 무엇을 보고 느끼고자 힘겹게 등산을 하는 것일까? 농담 삼아 이야기하는 것처럼 어차피 내려올 것인데 왜 힘들게 올라가는지 누군가 묻는다면 이 질문에 대한 대답이 곧 이 농담 같은 물음에도 답이 되어줄 것이다.

산 정상에 올라 높은 곳에서 산 전체를 둘러보며 산 정상의 맑은 공기를 마시고, 가지고 온 커피나 시원한 음료를 한 잔 마시면서 땀을 식히고 산 정상에 올랐다는 뿌듯함을 느끼는 것도 잠시, 해가 지기 전에 내려가야 하므로 산 정상에서의 시간은 그리 길지 못하다. 그렇다면 우리는 왜 몇 시간이나 걸려서 힘겹게 산 정상에 오르고자 했을까? 산 입구에 들어서는 순간부터 등산하는 목적은 산 정상에 오르는 것만은 아닐 것이다. 산에 오르기 위해 오늘 하루 다른 일들은 잠시 멈춰두고 오래간만에 자연의 품으로 들어온 상쾌한 기분을 느끼면서 행복한 기분으로 등산을 시작한다. 등산길 초입에 핀 작은 들꽃들을 보며 오늘 산에 오르는 길 내내 이 풀내음이 함께 했으면 하는 바람으로 산을 오른다. 산에 오를수록 오르막길만 계속되면 힘들 수도 있는데 가파른 오르막에 숨이 차서 힘겨워질 때쯤 오르막길이 끝나고 내리막길도 나타나면서 울창한 나무들이 잠시 해를 가려 이마와 등에 맺힌 땀들을 식혀준다. 좁은 바위 사이로 난 길을 오를 때면 앞선 사람이 뒷사람을 위해 손을 내밀어 당겨주고, 내려오는 이와 올라가는 이가 마주칠 때는 서로 양보와 배려를 하며 모르는 이라 해도 올라가는 길과 내려가는 길이 서로 무사하도록 응원을 해주기도 한다. 산 중턱 즈음 도착했을 때 준비해온 시원한 음료를 한 모금 하며 목을 축이다 보면 도시 생활을 하며 탁한 공기에 찌들었던 폐가 시원해지는 듯 마음속에 있던 응어리들도 모두 내려놓고 갈 수 있을 듯한 마음이 든다. 산에 오르는 길을 걷는 내내 아주 작은 풀꽃 하나에도, 등산객들을 피해 달아나면서도 무엇이 그리도 궁금한지 사람들을 빤히 쳐다보는 청솔모를 보면서도, 마음의 평화를 느끼게 된다.

힘겹지만 눈과 코와 마음이 깨끗해지는 것을 느끼며 오른 산 정상에서는 드디어 도착했다는 즐거움을 느끼며 산 아래로 펼쳐진 광경을 눈에 담고 해가 지기 전에 내려갈 준비를 한다. 힘겹게 오른 산이지만 산 정상에 머무르는 것은 고작 30분을 넘기기 어렵다. 산에서 내려와 집으로 향하는 길, 오늘 등산을 통해 기억에 남는 것들은 산 정상에서의 풍경보다는 산에 오르는 걸음걸음마다 나를 반겨준 작은 풀꽃들과 함께 산을 오르는 사람들과 나눈 이야기, 그리고 잠시 멈춰 서서 쉬는 동안 서로 나누어 먹은 음식들같이 정상에 도착하기 위해 함께 나눈 시간들일 것이다.

지금 살아가고 있는 우리의 삶도 산에 오르는 것과 같을지도 모른다. 우리는 누구나 행복을 추구하면서 살아가고 있다. 우리가 매 순간 우리 앞에 놓이는 선택의 갈림길에서 늘 고민하고 최선을 다해 선택하며 때론 후회하고 가보지 않은 길에 미련을 갖기도 하는 것은 결국 우리가 살아가고 있는 이유는 더욱더 행복하기 위해서이기 때문일 것이다. 하지만 정작 자신이 추구하고 있는 행복이라는 것이 어떤 모습인지, 우리가 추구하고 있는 행복은 어떤 순간에 어떻게 찾을 수 있는지 정확하게 이야기할 수 있는 사람은 많지 않다. 그것은 아마도 우리가 추구하는 행복이라는 것이 내가 걷는 길 끝에 도달해야만 얻을 수 있는 목표라고 생각하기 때문은 아닐까?

산에 오르는 행복이 산 정상에 있다면, 힘겹게 산에 올랐지만 산 정상에 머무르는 시간은 고작 몇 분이라면 그 짧은 행복을 누리기 위해 너무 긴 시간을 산에 올라야 한다. 과연 겨우 몇 분이 안 되는 짧은 행복을 누리기 위해 그 긴 시간을 산에 올라야 한다면 우리는 도중에 포기하고 싶어지지 않을 수 있을까? 산에 오르는 행복은 산 정상에 도착해야만 누릴 수 있는 것이 아니라 산에 오르는 길 한 걸음걸음마다 마주하는 모든 것들에서 행복을 찾을 수 있다. 그렇기에 우리는 힘겹더라도 중간에 포기하지 않고 산 정상까지 오를 수 있다. 우리가 살아가는 삶 역시도 우리가 걸어가는 길의 끝에 행복이 있는 것이 아니라 매 순간 우리는 행복한 삶을 위해 선택을 하고 그 순간마다 행복을 충분히 누리면서 살아가게 된다.

내가 피운 한 송이의 꽃이 우리의 꽃밭에 씨를 뿌리기를….

열 마디의 말보다 한 번의 행동은 강한 힘을 가지고 있다. 매 순간 선택의 갈림길에서 내가 택한 나의 올바른 선택의 길은 하나둘씩 쌓여서 어떤 선택에는 만족하고, 어떤 선택은 후회도 하면서 성장해 나아가기도 하고, 어떤 선택은 상처를 받고 아물기도 하며 내가 걸어온 길이 곧 나를 보여주는 길이 되어 갈 것이다. 그러므로 나는 타인을 대할 때 그 사람이 자신을 표현하는 말보다, 선택의 순간 갈림길에서 어떤 기준과 어떤 선택들을 하며 걸어왔는가, 그 사람이 걸어온 길을 보고 판단하려고 한다. 그 사람의 말보다 그 사람이 걸어온 길이 그 사람을 제대로 보여주는 진짜 그 사람의 모습이라고 생각하기 때문이다.

우리는 오늘도 사소한 것부터 중대한 일들까지 많은 선택을 하면서 살아가고 있다. 이 선택들이 모여서 나를 만들어주고 그렇게 한 걸음씩 성장해가며 나는 오늘도 내 앞에 놓인 이 길을 걷는다. 내 앞에 놓인 수많은 선택의 갈림길들이 있고, 그 길들이 모두 제각기 방향을 나타내는 것 같을 수 있지만, 결국 올바른 선택에 대한 나만의 확고한 기준을 가지고 한 걸음씩 성장해가며 내가 선택하는 길들은 결국 한 곳을 향해 가는 나의 길일 것이다. 매 순간 내가 걷고 있는 이 길에 확신이 있을 때도 있고, 확신이 없는 불안함이 있을 때도 있을 것이다. 내가 선택한 모든 길은 모여 하나뿐인 나의 길이 되어갈 것이다.

　매 순간의 선택을 할 때마다 우리는 혼자 살아가는 세상이 아니므로 더욱 고민하고 신중한 선택을 하는 만큼 우리가 걷는 그 길이 외롭지 않도록, 지쳐 쓰러지지 않도록 열심히 걷고 있는 나를 위해 서로 응원하고 사랑해주자. 우리가 걷고 있는 이 길이 산에 오르는 길처럼 어떤 날은 오르막일 수도, 어떤 날은 내리막일 수도 있고 비 온 뒤에 만난 웅덩이처럼 진창이 된 길일 수도, 작은 들꽃들이 무수히 피어난 꽃길일 수도 있다. 아무리 예쁘게 피어난 꽃들이 무성해도 이 꽃들을 바라볼 마음의 여유가 없다면 내가 걷는 길이 아무리 꽃길이어도 그 길은 그저 힘겨운 고난의 길이 될지도 모른다. 매 순간 내가 걷는 모든 길이 꽃길이 되는 것은 우리의 마음에 달린 것이다. 그러니 우리가 함께 걷는 이 길들이 내 마음속 꽃길이 될 수 있도록 사랑하자. 나를, 너를, 그리고 우리를.

부록 2

날
씨
와
기
분

우중충 비 오는 날, 화창하게 별 드는 날

비가 오는 날 꼭 생각하게
되는 아주 오래된 고전 영화
중 뮤지컬 영화 한 편이 있다.
이 영화의 OST 중에서 지
금까지도 사람들이 사랑하
는 곡이자, 누구나 이 노래를
듣고 나면 계속 콧노래와 휘
파람으로 이 노래의 후렴구
를 흥얼거리게 되는 곡, 바로
〈사랑은 비를 타고〉라는 영화의 주제곡인 'Singing in the
rain'이다. 등장인물인 돈이 빗속에서 우산을 쓰고 춤을 추며

이 노래를 부르는 장면은 이 영화를 보지 못한 사람이라도 어디선가 한 번쯤은 마주친 장면일 것이다.

비 오는 날 창밖을 바라보며 이 노래를 흥얼거리다 보면 나도 모르게 이 영화의 등장인물들처럼 발로 탭댄스를 출 것처럼 왠지 모르게 들썩거리게 되고, 영화 속의 한 장면처럼 저 빗속으로 뛰어 들어가 어린 시절 우비를 입고 신나게 물웅덩이로 뛰어들던 때처럼 신나게 놀고 싶은 생각이 들면서 슬쩍 웃음 짓곤 한다.

비 오는 날을 햇빛이 반짝거리는 날보다 좋아한다고 말하기는 어렵지만, 나에게 비 오는 날은 그래도 다른 날들에는 하지 않을 법한 즐거운 상상들을 하게 만드는 이상한 즐거움이 있는 날씨이다. 햇빛 반짝거리는 맑은 날과는 또 다른 매력이 있는 비 오는 날, 우리는 어떤 생각들로 하루를 보내고, 어떤 기분으로 우리의 일상을 채워가고 있을까?

/

기분을 정하는 날씨, 날씨를 정하는 기분

/

하루 종일 비가 오는 우기를 살고 있는 사람들은 우울하다?

우리나라는 봄, 여름, 가을, 겨울의 4계절이 뚜렷하다는 것이, 우리나라에 살아가면서 느낄 수 있게 해주는 큰 행복거리라고 생각한다. 언제까지 추울 것인지 궁금해하며 따뜻한 붕어빵과 어묵을 파는 포장마차의 추억을 만들어가다 보면, 어느새 나도 모르게 옷차림은 얇아지고, 바람에 꽃내음이 실려 올 때쯤 봄이 왔음을 느끼며, 벚꽃이 만개하는 그 짧은 시간 동안 많은 사진과 추억을 만들며, 짧지만 따스한 봄바람에 마음이 왈랑거림을 느낀다. 하지만 야속하게도 봄은 우리를 스쳐 가듯이 짧기만 하고 햇빛이 조금씩 따가워지는 것을 느끼다 보면, 어느새 반소매 차림으로 변해 있으며, 조금만 걸어도 이마에 땀방울이 솟을 때쯤 벌써 여름이 훌쩍 다가온 것을 느낀다. 밤에도 한낮의 열기가 남아 더위에 잠 못 이루는 열대야를 시원한 수박과 차가운 냉면으로 햇빛이 작열하는 이 계절을 버텨내다 보면, 어느새 아침, 저녁으로 선선한 바람이 불어오며 눈이 시릴 만큼 새파랗게 울창하던 나뭇잎들이 하나둘씩 빨갛게 물들어 가을이 훌쩍 우리 곁에 다가옴을 느끼게 된다. 여전히 한낮의 따가운 햇볕이 들판의 벼들을 황금빛으로 물들이는 광경에 여름이 저 멀리 달아났음을 느끼기도 전에, 추수를 앞둔 들판에 아침 서리가 맺히고 아침 출근길 앞에서 하얀 입김을 내뿜게 될 때쯤 마음속으로 첫눈이 언제쯤 오려나, 생각하며 하늘을 바라보다 보면, 하루가 다르게 짧아지는 낮이 아쉽고, 매일 매일 조금씩 빨리 찾아오는 밤이 유난히 길게 느껴지는 겨울을 맞이하게 된다.

꽃들이 만개하고 새 생명이 꿈틀대는 것을 느낄 수 있는 봄, 작열하는 햇살 아래 시원한 아이스크림 한 입 베어 물면 머리가 찡~ 해지는 아찔함을 느낄 수 있는 여름, 시원한 바람에 왠지 책 한 권 읽고 싶어지는 가을, 하얗게 물들어 가는 세상을 바라보며 따뜻한 호빵 한 입 베어 물며 함께 대화 나누기 좋은 겨울. 어떤 계절을 좋아하는지 사람마다 각자 다르지만, 우리는 모두 계절의 변화마다 기다려지는 것들이 있고, 변화하는 자연을 바라보며 설렘을 느끼기도 한다. 이 설렘과 기다림이 우리나라의 4계절이 주는 자연의 선물이면서, 계절의 변화에 따라 가벼워지거나 두꺼워지는 옷차림만큼이나 다양한 감정 변화들을 겪게 되는 이유가 되기도 한다.

4계절의 변화에는 늘 설렘과 기다림만이 있는 것은 아니다. 한낮에는 반소매 차림으로도 충분할 만큼 이제 슬슬 더워지려나, 싶어질 때쯤 아직은 그리 덥지도, 꽃샘추위의 걱정도 멀리 보내버린 초여름의 짧은 사치는, 북단의 오호츠크해 기단과 남단의 북태평양 기단이 만나 우리나라에 뿌려대는 지루하고도 길게 느껴지는 장맛비를 시작으로 꿉꿉하고 습한 장마 시즌으로 마무리하게 된다. 대부분의 사람은 비 오는 날씨를 크게 좋아하지는 않는 것 같다. 물론, 시원하게 퍼붓는 비를 보며 생각에 잠기거나 비 오는 창밖을 멍하니 바라보는 것을 좋아하는 사람들도 있을 것 같지만, 그래도 역시 대부분의 사람은 비 오는 날보다는 햇빛이 반짝거리는 날씨를 더 선호하는 것 같다. 나는 햇빛이 반짝이는 날에 따뜻한 창가에서 말린 보송보송한 수건 내음만 맡아도 기분이 왠지 좋아짐을 느낀다. 반대로 오늘도, 내일도 이어지는 비에 습도가 높아지고 끈적임이 느껴지는 날씨에는 왠지 모르게 불쾌지수가 높아지는 것을 느끼기도 한다. 나뿐만 아니라 많은 사람이 비슷한 생각을 할지도 모르겠지만 결국 인간은 알게 모르게 날씨의 영향을 받는 것이다.

　4계절이 뚜렷한 우리나라에 살면서도, 약 2~3주 정도 되는 짧지만, 너무나 길게 느껴지는 장마 기간에도 기분이 쉽게 다운되고, 불쾌지수가 높아지는데, 다른 계절을 살고 있는 나라의 사람들은 어떨까? 해외여행을 준비하다 보면, 여행지 날씨에 대한 걱정으로 그 지역 날씨에 대한 정보를 샅샅이 찾아보고, 여행 블로그를 통해 실제 그 지역을 여행한 사람들의 날씨 후기를 참고하기도 하며 날씨를 신경 쓰게 된다. 특히나 여행이 아니라 일과 관련해서 해외에 나가게 될 때는 더욱 날씨에 민감하게 되는데, 어쩔 수 없이 그 지역의 우기와 겹치면 걱정을 하게 되기도 한다.

　우리나라에서 비행기로 겨우 3시간 30분이면 도착하는 홍콩과 마카오지역을 2017년 늦여름에 연수차 방문한 적이 있다. 우리나라의 여름에는 홍콩지역은 우기였기에 그 시기에 홍콩지역의 사람들은 왠지 날씨의 영향을 받아 쾌활하지는 않을 것 같은 편견을 가지게 했었다. 물론, 실제 여행을 가서 만나게 된 홍콩 사람들은 지리적으로는 너무나 가까운 나라임에도 우리와 전혀 다른 문화를 가졌기 때문에 국민성이 다를 뿐 생각보다 쾌활하기도 했고, 젠틀하고 깔끔한 성격에 나의 편견을 사라지게 하여주었다. 다행히 여행지에서의 날씨 운이 좋은 내가 홍콩을 여행하는 동안 날씨가 좋았기 때문일지도 모르겠지만, 여행지 날씨로 그 나라 사람들에 대한 편견을 가졌던 것이 내가 우물 안 개구리였음을 느끼게 된 계기가 되기도 했다.

우기의 홍콩여행을 통해 내가 깨달은 사실은, 햇볕이 따사롭다고 늘 기분이 즐거웠던 것도 아니고, 비가 오는 날씨에는 늘 기분이 다운되었던 것도 아니라는 사실이다. 내 머릿속이 복잡하고 마음이 영 불안정할 때는 반짝이는 햇빛조차도 성가시고, 나만 빼고 다 들떠 있는 듯한 복작거림이 화가 나기도 했다. 반면 시원하게 쏟아붓는 비를 바라보며, 빗방울이 두드리는 창문의 소리를 들으며 솔솔 쏟아지는 잠을 느끼다 보면 어느새 머릿속이 차분해져서 개운함을 느끼기도 했다. 결국, 나의 기분에 날씨가 영향을 미친다고 생각했지만, 반대로 나의 그 날의 기분과 감정 상태가 그 날씨를 바라보는 내 생각을 결정하는 것이라고 생각하게 되었다. 작렬하는 한여름의 햇빛을 바라보며 누군가는 뜨거워진 아스팔트의 열기와 찌는 듯한 더위로 인한 불쾌지수를 떠올릴 수도 있고, 누군가는 그 햇빛 아래에서 속이 빨갛게 익어가는 수박을 떠올릴 수도 있다. 즉, 날씨가 나의 기분에 영향을 미치는 것이 아니라, 그 날씨를 통해 내가 무엇을 생각하고 내 기분이 어떠한가에 따라 날씨가 다르게 보이기도 하는 것이다.

기우제를 지내는 그들의 마음에는 간절함이 있었다

우리나라는 예로부터 농업을 기본으로 삼아왔으며, 농사에는 적정한 비와 날씨가 중요한 요소이다. 하지만 인간의 염원처럼 늘 적정한 양의 비와 햇빛이 조절되는 것은 아니었기에, 조선시대 이전부터도 비가 오지 않는 가뭄이 오랫동안 지속하면 왕실과 민간 모두가 한마음으로 비를 기원하며 기우제를 지냈다고 한다. 왕은 반찬 가짓수를 줄이고 자신의 부덕으로 하늘이 비를 내리지 않는다고 하여, 죄 없이 억울하게 형벌을 받는 이가 없도록 하고, 가난한 백성들을 구제하며 무덤이 파헤쳐져 밖으로 드러난 해골을 묻어 주는 등 민심을 헤아리는 일에 더욱 힘을 쓰기도 하고, 직접 하늘에 제사를 지내며 간절한 마음으로 비를 기다리는 기우제를 지냈다. 지금과 같이 수로시설이나 물을 저장하는 시설이 발달하지 않았던 그 시절에는 그야말로 날씨 변화에 따라 삶의 근본이 흔들릴 수 있을 정도로 영향을 받을 수밖에 없었을 것이다.

그렇지만 날씨의 변화에 따라 큰 영향을 받는 농사를 짓는 농민들은 그저 뜻대로 되어 주지 않는 날씨를 원망하고 애태우기만 하는 것이 아니라, 그런데도 자신들이 할 수 있는 다양한 방법으로 비를 기다리며 삶의 터전인 땅에서 자라나는 작물들을 보살피며 진심으로 하늘에 비를 기원하였다. 비가 내리지 않아 속이 타는 마음을 가지고 있다 보면 화가 나기도 하고, 하늘을 원망할 수도 있었을 것이며, 주위의 이웃들과도 쉽게 불화가 일어나기도 했을 수 있는데, 우리의 선조들은 오히려 어려운 이웃은 없는지, 억울한 일을 당하는 이들은 없는지, 주변을 살피며 자신들의 행동이 하늘을 감동시켜서 비를 내려주기를 바라는 마음으로 행동한 것이라고 생각한다. 날씨에 큰 영향을 받을 수밖에 없는 농민들이 자신들의 행동과 간절한 마음으로 날씨를 변화시킬 수 있다고 믿은 것이리라.

그렇게 간절한 마음으로 기다리던 비가 하늘에서 내리는 순간, 농민들에게는 삶의 터전에 내려주는 생명수에 무엇보다도 가슴이 벅차올랐을 것이다. 언제든 내릴 수 있고, 장마 기간에는 너무 많이 내려 마음을 졸이게도 하는 그 비가 오랜 가뭄 끝에 만난 순간에는 그 무엇보다도 반갑고 감사했을 것이다. 오랜 기다림 끝에 내려주는 이 감사한 비는 농민들과 아이, 어른 할 것 없이 모든 이들을 한마음으로 모아주었을 것이며, 모두의 마음에 풍요로운 마음을 선물했을 것이다. 또한, 자신들의 간절한 마음과 모두 하나 되어 선한 영향력으로 하늘을 감동시켜 하늘이 비를 내려준 것이라 믿었던 그들의 마음에는, 인간의 마음과 바람이 하늘의 일인 날씨도 변하게 만들 수 있다는 믿음이 있었을 것이다.

구름 뒤 가려진 해를 기다리는 일

해가 며칠째 쨍쨍하게 비추는 맑은 날들이 계속되는 때에는, 햇빛이 얼마나 따사로운지, 그 뽀송뽀송함이 얼마나 감사한지 잘 모르기도 한다. 따뜻한 봄날에 공원 벤치에 앉아 따뜻한 커피 한잔을 손에 들고 눈을 감은 채 하늘로 얼굴을 향한 채 그 따뜻함을 느끼고 있다고 상상해보자. 눈을 감았음에도 한낮의 태양은 눈꺼풀 위로 붉은 열감의 잔상을 남기며 왠지 나른해지게 만들어준다. 햇살을 온몸으로 느끼면서 휴식을 취하다 보면, 눈꺼풀의 열감이 사라지고 눈을 뜨지 않았음에도 잠시 어둑해지는 것을 몸으로 느낄 수 있는 순간이 있다. 구름에 해가 가려졌음을 눈을 뜨지 않아도 느낄 수 있다. 지나가는 구름에 잠시 해가 가려졌음에도 햇볕의 따스함은 금세 사라져버린다. 분명 저 구름 뒤에 있는 해는 그대로일 텐데, 해를 가린 구름으로 인해 내가 즐기고 있던 봄날의 따스함이 가려져 버린 것이다.

물론 구름은 시간이 지나면 흘러지나가 구름에 가려졌던 해는 다시 나타나 나에게 봄날의 한낮을 다시 선사할 것이다. 하루 동안에도 이 짧은 찰나의 변화들은 수없이 많이 스쳐 지나간다. 작은 뭉게구름으로도 해는 가려지기도 하고 금세 다시 나타나기도 하며, 큰 구름에 가려지더라도 결국 구름은 흘러 지나가게 되고 해는 언젠가는 다시 나타나기 마련이다. 왜냐하면, 구름은 바람이 부는 방향으로 흘러가게 되고, 태양은 언제나 그 자리에 있기 때문이다. 우리는 모두 태양은 언제나 그 자리에 있음을 알고 있다. 잠시 구름에 가리어 우리 눈에 보이지 않더라도 저 구름 뒤에는 태양이 있고, 시간이 지나가면 반드시 우리 눈에 태양이 다시 보이리라는 것을 잘 알고 있다. 그런데도 비를 잔뜩 머금은 먹구름을 만나면, 우리는 비에 젖고 추위에 떨게 되면, 햇빛이 쨍쨍한 다른 곳의 날씨를 부러워하며 비 오는 날 투덜거리며 하루를 보내기도 한다. 이 비를 머금은 먹구름은 언젠가 지금 내가 있는 이곳을 지나 다른 곳으로 이동하면, 내가 있는 곳은 햇빛이 쨍쨍하고, 다른 곳에 비가 오게 될지도 모르는데 말이다.

결국, 날씨는 세상을 살아가는 우리의 일상과도 닮아 있는 듯하다. 삶을 살아가다 보면 언젠가는 햇빛이 쨍쨍한 맑은 날씨처럼 행복이 가득한 일상들을 마주하기도 하고, 어떤 날은 비가 억수같이 퍼부어 우산을 써도 별수 없이 옷이 잔뜩 젖게 되는 날씨처럼 고난이 몰아치는 시간들을 마주하기도 한다. 구름 한 점 없는 쾌청한 날씨처럼 아무 일 없이 평온하게 지나가며 감사한 날들도 있고, 눈이 부시게 강렬한 햇살이 가득한 날씨처럼 우리 마음에도 긍정에너지가 가득 차는 그런 날들도 있다. 예측할 수 없는 날씨의 변화만큼이나 우리의 삶도 다양한 일들의 연속인 나날들이다. 또한, 아무리 구름이 몰려오고 며칠째 비를 뿌리는 나날들이 계속된다고 해도, 결국 그 구름의 뒤에 분명히 있는 태양은 이 구름이 지나가면 반드시 그 모습을 드러내고 우리는 따뜻하게 감싸줄 것이듯, 우리들의 삶에서도 힘겨운 일들이 나에게 몰아친다고 해도, 결국 언젠가는 다 지나가고 태양처럼 빛나는 시간들이 우리를 기다리고 있을 것이다. 그 시간이 우리에게 다가올 수 있도록 하는 것은 결국 우리들의 건강한 마음과 희망찬 미래에 대한 믿음이며, 우리 인생의 날씨를 정하는 것은 나 자신의 긍정적인 마음가짐일 것이다.

/

궂은 날, 내리는 비, 무엇을 할까?

/

인생의 날씨 속에서 장마가 찾아온다면…

매년 초여름 한 번씩 찾아오는 길고 긴 장마 기간이 되면, 비를 잔뜩 머금은 먹구름에 해가 가려져 한낮에도 어둑어둑한 날들이 지속되고, 우산을 쓰고 걸어도 젖어 축축해진 신발과 바짓단에 기분이 축축 처지기도 한다. 수건으로 물기를 닦아 보지만 장마 기간에는 수건마저도 뽀송뽀송하게 마르지 않고, 눅눅하게 느껴지는 기분이 들기도 한다. 며칠째 이어지는 비와 어둑어둑한 날들에 기분을 업 시키는 것이 억지로는 잘되지 않는 것이 사실이다. 이런 기분은 나만 그러한 것이 아니라 대부분의 사람이 장마가 시작되면 불쾌지수가 높아지기 때문에 맑은 날보다 더 사람들 사이에 부딪히거나 불편한 상황들이 만들어지기도 한다. 날씨에 우리들의 기분이 정해지기도 하지만, 이런 날일수록 나의 기분이 날씨가 될 수 있다면, 함께 살아가는 사람들과 조금은 더 유쾌하고 즐거운 시간들을 만들어 볼 수 있지 않을까.

어린 시절 장마가 시작되고 빗물이 고여 웅덩이를 만들 정도로 비가 많이 오면, 친구들과 노란 우비를 입고 노란 장화를 신으며 신나게 뛰어나가 물웅덩이를 첨벙거리며 건너며 신나게 놀았던 기억이 있다. 비에 젖을까 입은 우비가 결국 아무 소용이 없을 정도로, 노란 장화 안에 물이 가득 찰 정도로 물웅덩이마다 첨벙거리다 보면 우비 속에 입은 옷들이 흠뻑 젖을 만큼 이보다 더 재미있을 수 없게 신나게 놀았던 기억이다. 그 시절의 비가 오는 날은 나에게는 신나게 친구들과 물장난을 하며 놀 수 있던 즐거운 시간들이었고, 비 오는 날은 나에게 신남, 즐거움, 행복함을 떠오르게 하는 날씨가 되었다.

하지만 언젠가부터 나는 어른이 되었고, 장마가 시작되면 출퇴근길의 그 축축함이 싫어지고, 하루 종일 습도가 높은 눅눅함과 사람들의 불쾌지수가 높아지는 예민함에 일기예보 속

비 소식이 더는 반갑지만은 않은 나이가 되었다. 아무리 비가 많이 와도 이 장대비를 뚫고 출근을 해야만 하고, 비에 젖은 그 축축함을 말릴 새도 없이 하루의 일과를 시작하고 업무에 집중해야 한다. 쏟아지는 폭우 속에서 퇴근길은 또 얼마나 복잡할지 벌써 걱정이 되는 마음에 그런 날은 유독 일에 집중하기 어렵기도 하고, 기분이 축 처져서 자꾸만 창밖을 바라보게 되기도 한다. 그럴 때 다른 사람들은 어떤 방식으로 기분을 업시키거나 파이팅을 되찾을까?

사람마다 이런 날의 컨디션을 회복하는 자신들만의 방법과 행동들이 있을 것이다. 나는 비가 많이 오는 날 창밖을 바라보며 따뜻한 카모마일 차 한잔을 하는 여유를 좋아한다. 잠시 하던 일을 멈추고 머리를 식힐 겸 따뜻한 차 한잔을 머그컵에 가득 따라 창가로 가서 비 내리는 창밖을 바라보며, 어린 시절 물웅덩이마다 그냥 지나치지 못하고 뛰어들던 그 추억들을 회상하며, 비 오는 날을 설레하던 그때의 기분을 생각하곤 한다. 창가에서 마시는 따뜻한 차 한잔과 즐거운 추억으로 잠시 기분 전환을 하는 타이밍에 성공했다면, 이제는 일에 집중하기 위해 평소보다는 조금 더 밝은 노래를 살짝 틀어놓고 업무에 집중하고자 노력하기도 한다. 이럴 때는 한 번 들으면 계속 콧노래를 흥얼거리게 되는 노래인 〈Singing in the rain〉이나,

가수 김현식의 〈비처럼 음악처럼〉을 들으며 기분을 전환하기도 한다. 퇴근해서 집에 도착해서는 사람들의 다양한 이야기를 들을 수 있는 좋아하는 라디오 채널을 들으며 시간을 보내기도 하고, 창가를 때리는 빗소리를 들으며 좋아하는 책 속에 푹 빠져서 시간을 보내기도 하며 그 시간들을 통해 비 오는 날을 여전히 좋아하는 어른이 되려고 노력한다.

우리가 살아가고 있는 삶의 시간들 속에서도 날씨처럼 언제나 맑고 쾌청한 날들만이 계속되지 않고 지루하고 긴 장마가 찾아오는 것처럼 내가 어떻게 하기 어려운 일들로 마음이 복잡해지는 날들이 몰려오는 시기가 있다. 언제까지 이런 시간들을 견뎌야 하는지 앞이 보이지 않을 만큼 쏟아붓는 비처럼 힘든 시간들이 몰아칠 때가 있다. 인생의 변화무쌍한 날씨 속에서 만난 장마 같은 시간을 마주할 때 우리는 어떻게 그 시간을 견뎌야 하는가?

비 오는 날 억수같이 퍼붓는 비를 피할 수 없듯이 인생의 날씨 속에서 만난 장마 같은 시간들 역시도 우리는 피할 수는 없다. 순탄하기만 한 인생도 있겠으나, 그렇지 못한 것 역시도 인생이기에 우리가 마주한 그 시간을 우리는 어떻게든 견뎌내야 한다. 먹구름 잔뜩 낀 하늘에 구름 뒤에는 반드시 태양이 숨어 있듯이, 우리가 살아가면서 만난 인생의 숙제들 뒤에는 반드시 태양처럼 반짝이는 시간들이 숨어 있다는 믿음이 있다면, 우리는 이 시간들을 슬기롭게 잘 헤쳐나갈 수 있을 것이다. 긴 장마 기간에도 그 시간들을 견뎌 내고 즐거운 기억과 좋아하는 것들로 비 오는 날을 즐거움으로 변화시킬 수 있듯이, 우리가 살아가면서 마주한 힘겨운 숙제들이 계속되는 힘든 시간들이 계속된다고 해도, 우리의 마음이 쾌청하도록 할 수 있다면 우리는 이 시간들을 잘 버텨나갈 수 있을 것이다.

비 내린 후의 공기는 그 어느 때보다 상쾌하다

내가 어린 시절에만 해도 우리나라의 하늘은 하늘색이었다. 하지만 어떤 광고에서 표현했듯이 요즘의 하늘의 색은 과장을 조금 보태어, 아이들이 하늘을 황사 먼지가 덮인 뿌연 갈색으로 그릴만큼 황사 먼지에 이어 미세먼지, 초미세먼지 등이 우리나라를 괴롭히고 있고, 그 공기 속에서 우리의 일상은 이미 마스크 없이는 힘든 상황이 되었다. 인간이 살아가는 데 너무나 필요한 깨끗한 공기는 우리 인간들이 스스로 저지른 환경오염 때문에 점차 희소해지고, 공기 중에 미세먼지 때문에 따뜻한 봄날 창문을 활짝 열어 놓을 수도 없고, 따뜻한 햇볕에 자연 건조한 뽀송뽀송한 수건에 얼굴을 부비는 것이 꺼려질 만큼 우리를 둘러싸고 있는 공기를 믿을 수 없게 되어버린 지금이다. 아침에 일어나 창밖을 통해 저 멀리 보이는 산을 바라보면서 어떤 날은 산이 너무나 선명히 보이고, 어떤 날은 미세먼지 때문에 산이 잘 보이지 않기도 하며, 우리는 어느새 이 뿌연 하늘을 익숙해하며 살아가고 있다.

이런 뿌연 하늘과 매캐한 공기 속에서 어느 날 한바탕 소나기라도 쏟아져 내린 직후, 마스크를 내리고 공기를 들이마셔 본 기억이 있는가? 우리의 코는 이미 매연과 미세먼지가 가득한 매캐한 공기를 익숙해져 가고 있는데, 이 먼지와 매연들을 싹 씻어내 주듯이 한바탕 쏟아진 소나기에 모두 씻겨 내려가 버렸을 때의 상쾌한 공기를 후욱 들이마셔 봤다면, 느껴봤을 것이다. 깨끗한 공기가 얼마나 상쾌하고 우리의 폐까지도 시원하게 해주는지. 분명 우리는 깨끗한 공기가 당연히 우리를 둘러싸고 있고, 깨끗한 공기를 마시는 것이 당연했으며, 너무나 당연해서 깨끗한 공기의 소중함을 모르고 살던 시절도 있었다. 내가 지금껏 살아온 세월이 엄청나게 한 세기를 걸칠 만큼 오래된 것도 아님에도 불과 이십 년 남짓한 시간 동안 우리가 살아가고 있는 환경은 깨끗한 공기를 마시며 살아가기 위해서는 공기청정기에 의존하고, 깨끗한 공기를 위해 사용하는 공기청정기의 소모품들이 또 쓰레기를 발생시키며 환경오염을 일으키는 악순환을 겪고 있는 모습으로 변화하였다.

이렇게 여전히 환경오염의 심각성을 인지하지 못하고 자신들의 깨끗한 환경을 위해 지구에 쓰레기를 계속 생산해내고 있는 인간들과는 달리 자연은 스스로 자정하고자 하는 능력을 갖추고 있다. 아주 천천히, 그러나 분명히 생명력을 회복하기 위한 움직임으로 자연은 인간이 헤쳐 놓은 상처들을 아물게 하며 스스로 치유하고자 노력하고 있다. 뿌옇게 변한 공기와 사막화로 인한 황사 먼지 등을 한 번에 씻어내 주듯 많은 비를 왈칵 쏟아내는 하늘을 보며 감사함을 느끼기도 한다. 또는 오랫동안 꾸준하게 내리는 비를 볼 때는 우리가 살아가고 있는 환경에 묵은 때가 참 많이도 끼어 있어서 하늘이 씻어내 주려고 이렇게 많은 비를 내려주나 보구나, 하고 생각할 때도 있다. 그렇기에 많은 비를 쏟아내며, 공기 중의 먼지들이 모두 빗물에 씻겨 내려간 비 오는 직후의 공기는 상쾌한 기분과 공기가 달게 느껴질 만큼의 깨끗함으로 느껴지기도 한다. 이런 생각들을 하며 비 오는 광경을 바라보다 보면, 어느새 비가 그친 후의 공기를 들이마시고 싶어지는 두근거림을 느낄 때도 있다.

　한바탕 씻어 내려가는 비는 많이 오든, 적게 오든, 길게 오든 언젠가는 멈추고, 비구름 뒤에 숨겨졌던 해는 다시 모습을 드러내고 축축해진 대지를 다시 뽀송뽀송하게 말려줄 것이고, 비 갠 뒤의 공기는 따뜻한 햇볕과 만나 반짝거리는 무지개와 함께 우리에게 선물처럼 다가올 것이다. 비가 오지 않았더라면 비 갠 뒤의 이 상쾌한 공기의 소중함을 우리는 미처 알지 못할 것이다. 우리의 인생도 그러하다. 그저 해가 비치는 쨍쨍한 하늘만 계속된다면, 건조한 공기와 가뭄으로 이어지듯이 변화를 경험하지 못하는 인생은 무미건조하게 재미없을 수도 있다. 가끔 억수같이 쏟아지는 비를 만나기도 하고, 며칠째 지루하게 계속되는 장맛비를 만나보기도 해야 이 비도 언젠가는 끝이 나고, 비 갠 뒤의 공기는 그 어느 때보다도 달고 상쾌한 것도 느껴볼 수 있을 것이다.

피할 수 없으면 즐겨라!

　우리가 살아가면서 만나게 될 인생의 날씨는 지금까지 이야기한 것과 같이, 우리가 살아가면서 겪게 되는 날씨처럼 따스한 봄날 같은 날씨도 있고, 한겨울의 매서운 한파 같은 날씨도 있고, 비가 오는 날씨, 건조하고 쨍쨍한 날씨, 한여름의 열대야 같은 날씨처럼 다양한 날씨들이 나타나게 될 것이다. 늘 좋기만 한 것도 아니고, 늘 나쁘기만 한 것도 아니며, 늘 행복하기만 한 것이 아니며, 늘 우울하기만 한 것도 아니라는 의미이다.

　일기예보를 보다 보면, 서울 날씨는 쾌청한데, 대구의 날씨는 비구름이 잔뜩 끼어 있거나 하듯이 같은 나라 안에서도 지역에 따라 다른 날씨 상황을 보여주는 경우가 있다. 다른 지역에는 비가 오지 않고 내가 있는 지역에는 비가 쏟아지고 있다면, "왜 여기에만 비가 오지? 다른 곳은 비가 오지 않는데 왜 여기에만 비가 오는 거야." 하면서 불평을 할 것인가? 구름은 바람의 방향으로 흘러가기 때문에, 지금은 내가 있는 곳에 비가 오고 있지만, 이 비구름은 언젠가는 바람에 흘러 다른 지역으로 이동하면서 이 비는 곧 그치고 비 갠 뒤의 상쾌한 날씨로 변하게 될 것이다. 누군가와 또는 다른 것과 비교하면서 지금 내가 있는 곳에 비가 오는 것만을 투덜거리기보다는 비 갠 뒤의 기분을 느낄 수 있는 것은 지금 내려주는 이 비 덕분이라는 생각을 해보면 어떨까?

'피할 수 없으면 즐겨라.' 흔히 들을 수 있는 말이지만 실제 실천하기에는 쉽지 않은 말일지도 모르는 이 말을 참 좋아한다. 인생을 살아가다 보면, 우리는 짧은 소나기를 만날 수도 있고, 지나가는 소나기 일 줄 알았으나 긴 장마의 시작이었던 경우들도 만날 수 있다. 기나긴 장마에 이 비는 도대체 언제 그치는 것일까, 정말 그치기는 하는 것인가? 궁금해하며 한 걸음씩 앞으로 나아가기도 하며, 예상보다 너무 빨리 끝나버린 장맛비에 이러다 또 한바탕 쏟아지는 것은 아닌지 경계하며 한참을 우산을 들고 다니기도 한다. 나만 그런 것이 아니라 우리는 모두 삶을 살아가면서 언젠가는 마주하게 되는 시간들일 것이다. 아무리 최첨단 컴퓨터를 통해 예측한다고 해도 기상청의 예보는 자연의 변덕 앞에 빗나가기도 하듯이, 우리가 인생에서 마주치게 되는 날씨의 변화들도 모두 예측할 수는 없다. 그렇기에 갑작스럽게 만난 비에 좌절하거나 왜 나에게만 이런 시간이 주어지는지 불평불만을 하기보다, 비 오는 날 어린 시절의 추억을 떠올리며 행복한 기억들을 생각하거나, 비 오는 날 즐길 수 있는 기분 좋은 일들을 실천하는 것, 그리고 비 갠 뒤의 상쾌한 공기를 떠올리며, 비 오는 날을 즐겁게 보낼 수 있었듯이, 인생에서 만난 비 오는 지금 이 순간을 잘 버텨내 볼 수 있는 삶의 즐거움들을 만들어보는 것이 어떨까.

내
마음의
순간들

펴낸날 2024년 11월 20일

지은이 유영롱
펴낸이 주계수 | **편집책임** 이슬기 | **꾸민이** 이슬기

펴낸곳 밥북 | **출판등록** 제 2014-000085 호
주소 서울시 마포구 양화로 156 LG팰리스빌딩 917호
전화 02-6925-0370 | **팩스** 02-6925-0380
홈페이지 www.bobbook.co.kr | **이메일** bobbook@hanmail.net

© 유영롱, 2024.
ISBN 979-11-7223-045-6 (03190)